中国国际幼儿园
C⁺ 课程指南

滕珺 著

C⁺ Curriculum Guideline for International Preschools in China

上海教育出版社
SHANGHAI EDUCATIONAL PUBLISHING HOUSE

图书在版编目（CIP）数据

中国国际幼儿园C⁺课程指南 / 滕珺著. — 上海:上海教育出版社, 2020.8
ISBN 978-7-5720-0191-8

Ⅰ.①中… Ⅱ.①滕… Ⅲ.①学前教育–教学参考资料 Ⅳ.①G613

中国版本图书馆CIP数据核字(2020)第139452号

策　　划　董　洪
责任编辑　钦一敏
书籍设计　陆　弦

中国国际幼儿园C⁺课程指南
Zhongguo Guoji Youeryuan C⁺ Kecheng Zhinan
滕　珺　著

出版发行　上海教育出版社有限公司
官　　网　www.seph.com.cn
地　　址　上海市永福路123号
邮　　编　200031
印　　刷　上海展强印刷有限公司
开　　本　640×965　1/16　印张 14
字　　数　168 千字
版　　次　2020年10月第1版
印　　次　2020年10月第1次印刷
书　　号　ISBN 978-7-5720-0191-8/G·0148
定　　价　45.00 元

如发现质量问题，读者可向本社调换　电话: 021-64377165

项目团队成员

项目总负责人：

滕　珺（北京师范大学国际与比较教育研究院教授、副院长）

项目成员：

霍力岩（北京师范大学教育学部学前教育系教授）

高益民（北京师范大学国际与比较教育研究院教授）

杨明全（北京师范大学国际与比较教育研究院教授）

马健生（北京师范大学国际与比较教育研究院教授）

姜英敏（北京师范大学国际与比较教育研究院教授）

孙　进（北京师范大学国际与比较教育研究院教授）

郭　华（北京师范大学教育学部课程与教学研究院教授）

杨秀治（北京教育学院学前教育研究院院长）

刘华蓉（《中国教育报》编委、质量考核中心主任，《学前周刊》创刊人）

李建丽（北京市西城棉花胡同幼儿园园长）

朱继文（北京市丰台区丰台第一幼儿园园长）

王　芳（青岛大学师范学院学前教育系系主任）

张　磊（中国人民大学体育学院副教授）

胡　晋（北京童乐行教育科技有限公司研究员、原北京师范大学实验幼儿园骨干教师）

王　莹（北京童乐行教育科技有限公司研究员、原北京师范大学实验幼儿园骨干教师）

韩烨颖（北京童乐行教育科技有限公司研究员、原北

京师范大学实验幼儿园骨干教师）

刘　雅（中国国际教育交流学会研究员）

王杨楠（澳大利亚墨尔本大学在读硕士研究生）

丁瑞常（北京师范大学国际与比较教育研究院博士后）

张梦琪（北京师范大学国际与比较教育研究院博士后）

杜晓燕（深圳市龙华区第二实验学校英语教师）

安　娜（北京师范大学国际与比较教育研究院在读硕士研究生）

＊特别感谢博实乐教育集团为本研究的顺利开展提供充足的经费保障和专业支持！

Preface

序

2020年是不平凡的一年，新冠疫情的爆发改变了原有的世界格局，虽然有些国家出现了逆全球化的势头，但我国一再强调坚持改革开放的基本国策不动摇，中国深度融入世界已成为时代发展的必然趋势。2020年6月，《教育部等八部门关于加快和扩大新时代教育对外开放的意见》正式印发，明确提出"把培养具有全球竞争力的人才摆在重要位置""建立中国特色国际课程开发推广体系"。那么什么才是真正有全球竞争力的人才？仅仅是外语好，有海外留学经历就够了吗？显然不是。

现在社会上关于国际教育的理解也十分复杂，我认为主要存在以下两种误解。一是盲目追求标签化的洋教育，认为凡是外国的都是好的。一百年前陶行知先生就曾批评："现在有一点我们应当注意的，就是以前的教育，都是像拉东洋车一样。自各国回来的留学生，都把他们在外国学来的教育制度拉到中国来，不问适合国情与否，只以为这是文明国里的时髦物品，都装在东洋车里拉进来，再硬灌在天真烂漫的儿童的心坎里，这样儿童们都给他弄得不死不活了，中国亦就给他做得奄奄一息了！"今天这话读起来依然受用。二是认为国际教育是少数精英阶层的奢侈品，只有有钱人才能享有，这也是一种误解。既然培养具有全球竞争力的人才是当下我国教育发展的重要内容，那么每一个学生都有权享有国际教育。在全球化时代，全球胜任力是每一个人的必需品，而不是奢侈品。每一个教育工作者也都应承担起这一时代使命。

那么什么才是真正的国际教育呢？我非常赞同本书中提出的观点，真正的国际教育是"博采各家之长，探寻共同之道"，而真正具有全球竞争力的人才不仅要有健康的体魄、聪明的头脑、温暖的心灵，而且要具有卓越沟通、合作、批判、创新等21世纪核心素养；不仅能包容不同文化的差异，而且能主动积极地在文化交流互鉴中汲取丰富的养分；不仅具有强烈的民族文化身份认同，同时又胸怀天下，关心并勇于承担人类命运共同体的未来，真正做到中国传统文化中所说的"修身、齐家、治国、平天下"。

滕珺教授的团队开启了这项面向中国儿童，扎根中国文化，采用中国话语而又具有宽广的国际视野和时代精髓的中国国际幼儿园课程体系开发的工作。我认为很有意义，也很及时。这不仅满足了广大家长对优质学前教育的需求，满足了迅猛发展的国际幼儿园的专业发展需求，而且符合国家战略发展需要。虽然这项工作刚刚开始起步，以后还有很漫长的道路需要探索，但这是个好的开始。

是为序，以鼓励！

于北京求是书屋
2020年7月30日

目录

一、我们所处的时代 ...1
(一) 全球化3.0版本与中国的和平崛起 ...1
(二) 科技革命和21世纪核心素养 ...5
(三) 国际幼儿园的蓬勃发展与课程专业性的匮乏 ...8

二、我们的价值立场 ...14
(一) 我们眼中的"国际" ...14
(二) 我们眼中的"教育" ...18
(三) 我们眼中的"儿童" ...21
(四) 我们眼中的"课程" ...24

三、我们培养什么样的儿童 ...27

四、儿童成长需要什么 ...36
(一) 儿童发展的六大领域 ...36
(二) 儿童成长的进阶课程 ...44
(三) 儿童学习循环体 ...73

五、我们如何陪伴儿童成长 ... 79
（一）课程的形态架构 ... 79
（二）教师的角色定位 ... 80
（三）课程的实施原则 ... 82

六、我们如何开发和利用课程资源 ... 94
（一）C⁺课程资源分类 ... 94
（二）C⁺课程资源的开发与利用 ... 101
（三）幼儿园课程资源管理 ... 108

七、我们如何开展课程评价 ... 110
（一）课程评价的目的 ... 110
（二）课程评价的内容 ... 110
（三）课程评价的原则 ... 111
（四）课程评价的标准 ... 117
（五）课程评价的方法 ... 124

八、我们如何进行课程管理 ... 127
（一）园级层面 ... 127
（二）教研层面 ... 131
（三）班级层面 ... 133

九、C⁺课程案例 ... 134

案例1 大班主题活动：中国花纹 ... 134

（一）主题活动背景 ... 134

（二）主题活动目标 ... 134

（三）进阶课程涉及范畴 ... 135

（四）主题活动网络图 ... 135

（五）主题活动过程 ... 136

（六）教学资源利用 ... 137

（七）评价反思 ... 137

案例2 小班主题活动：我有一双小小手 ... 138

（一）主题活动背景 ... 138

（二）主题活动目标 ... 138

（三）进阶课程涉及范畴 ... 139

（四）主题活动网络图 ... 139

（五）主题活动过程 ... 140

（六）教学资源利用 ... 141

（七）评价反思 ... 141

案例3 中班主题活动：中秋节的月饼 ... 142

（一）主题活动背景 ... 142

（二）主题活动目标 ... 142

（三）进阶课程涉及范畴 ... 143

（四）主题活动网络图 ... 143

（五）主题活动过程 ... 144

（六）教学资源利用 ... 145

案例4　大班主题活动：我的兄弟姐妹 ... 146

（一）主题活动背景 ... 146

（二）主题活动目标 ... 147

（三）进阶课程涉及范畴 ... 148

（四）主题活动网络图 ... 148

（五）主题活动过程 ... 149

（六）教学资源利用 ... 153

案例5　大班主题活动：谁说自行车只能骑 ... 153

（一）主题活动背景 ... 153

（二）主题活动目标 ... 154

（三）进阶课程涉及范畴 ... 154

（四）主题活动网络图 ... 155

（五）主题活动过程 ... 155

（六）教学资源利用 ... 162

案例6　小班主题活动：有趣的绳子 ... 162

（一）主题活动背景 ... 162

（二）主题活动目标 ... 163

（三）进阶课程涉及范畴 ... 163

（四）主题活动网络图 ... 164

（五）主题活动过程 ... 164

（六）教学资源利用 ... 174

（七）主题活动反思 ... 175

案例7　小班主题活动：好玩的身体 ... 176

（一）主题活动背景 ... 176

（二）主题活动目标 ... 177

（三）进阶课程涉及范畴 ... 177

（四）主题活动网络图 ... 178

（五）主题活动过程 ... 178

（六）教学资源利用 ... 183

十、课程实施计划 ... 185

（一）小班课程实施年学期计划（样表一） ... 186

（二）小班课程实施年学期计划（样表二） ... 188

（三）中班课程实施年学期计划（样表一） ... 190

（四）中班课程实施年学期计划（样表二） ... 193

（五）大班课程实施年学期计划（样表一） ... 194

（六）大班课程实施年学期计划（样表二） ... 197

十一、我们的愿景 ... 198

附录　不同国家对儿童发展领域内涵的阐述　…201

参考文献　…207

后　记　…209

一、我们所处的时代

杜威说:"今日之学校即明日之社会。"顾明远说:"现代教育是现代生产的产物。"学校与社会、教育与时代的关系向来如此,既相互制约,又相互影响。一方面,时代背景和社会环境会影响到我们持有怎样的世界观、教育观、儿童观与课程观,以及我们要采取怎样的行动践行价值观念;另一方面,我们有什么样的世界观和教育观也会影响到我们对未来世界的塑造。教育塑造和培养出的人具有未来指向,我们需要把对未来社会美好期望的种子埋进每个孩子的精神土壤。因此,教育人在思考教育问题时和其他任何一个行业的人都有所不同,不能三年五年地做规划,教育人思考教育问题的时间维度至少是十年、二十年甚至五十年、一百年。未来社会对人的素质的要求,将成为我们今天选择教育内容的依据,而今日我们对儿童的教育必将塑造世界的未来。

(一)全球化3.0版本与中国的和平崛起

弗里德曼(Thomas L. Friedman)在《世界是平的》一书中将全球化分为三个阶段:1.0阶段、2.0阶段和3.0阶段。他认为全球化的过程,就是从国家到企业再到个人主导全球化融合的过程。全球化1.0阶段主要发生在国家层面,从1492年哥伦布发现新大陆开始,延续至1800年前后。世界殖民体系的初步建立推动着这一时期的全球化进程,当时西方世界的主要大国包括西班牙、葡萄牙、荷兰、英国主导并推动全球化。全球化2.0阶段主要在公司层面发生,从1820年持续到2000年。两次工业革命催生了全球市场与跨国公司,跨国公司的市场扩大与成本转移是这一阶段全球化的主要驱动力。全球化的最新阶段即全球化3.0阶段,从2000年开始,网络和软件的应用将全球紧密地联系在一起。在全球化3.0时代,个体成为全球化的主角,人在全球范围内实现自由的流动。个体层面的人的流动和就业市场的全球化是这一阶段全球化的主要动力。

在这个全球化3.0版的时代,商品、资本、人员、技术、思想等的跨境流动日益加速,网络技术的进步将全球紧密地联系在一起,各国之间互相影响、互相依存的程度不断增加,人类面临着越来越多共同的挑战。经济增长和财富创造降低了全球贫穷率,但世界各地的社会内部以及不同社会之间,脆弱性、不平等、排斥和暴力却有增无减;不可持续的经济生产和消费模式导致全球气候变暖、环境恶化和自然灾害频发;技术发展增进了人们之间的相互关联,但文化和宗教不宽容、基于身份的政治鼓动和冲突日益增多。[1]这些早已不再是不同利益群体的对立博弈,而是密切关系着每个人、每个国家共同的、可持续发展的未来。

与此同时,随着交通技术和资本制度的快速发展,人口与资本在世界范围内大量且频繁地流动。美国皮尤研究中心在一份基于联合国和世界银行数据库撰写的研究报告《日益变化的全球移民和支付模式》(Changing Patterns of Global Migration and Remittances)中

---

[1] 联合国教科文组织.反思教育:向"全球共同利益"的理念转变?[R].法国:联合国教科文组织,2015:9.

指出：在短短的20年间，全球移民人口的数量从1990年的1.54亿人增长至2013年的2.32亿人，其中来自印度、墨西哥和中国的移民增长速度远远高于全球平均水平，从1990年的1 600万人增长至2013年的3 700万人。[1]而改革开放40余年来，中国作为一个新兴经济体，受到了越来越多国际人士的青睐，成为他们安家就业的重要选择之一。2010年，我国第六次人口普查首次公布了境外人口的统计数据，居住在我国境内3个月以上的外籍人士共有593 832人，约占全国人口总数的0.04%，若加上港澳台地区的同胞就共有1 020 145人，其中以商务、就业和学习为目的来华的占六成以上。[2]在北京、上海、广州这样的一线城市，这一趋势更加明显，几乎每200个人中就有1个境外人士在华居住3个月以上。个体层面的人的流动和就业市场的全球化带来了教育的显著变化，这意味着，在这扁平化的国际劳动力就业市场中，中国的下一代自出生起就已经置身激烈的国际化竞争之中，国际竞争力的培养因此也变得至关重要。

然而，中国的崛起与传统帝国的崛起有着截然不同的时代背景和文化基础。正如前文所言，全球化3.0版本的时代已将各国人民的命运紧密连接在一起，形成了"人类命运共同体"，且中国文化本身就具有崇尚天人合一、和而不同、兼容并蓄的特质，因此，中国文化始终坚持与世界多元文化积极展开平等对话，共同发展进步。正如2014年3月27日习近平总书记在访问联合国教科文组织总部时发表的精

---

[1] Pew Research Center. Changing Patterns of Global Migration and Remittances [EB/OL]. (2013-12-17) [2014-07-09]. http://www.pewsocialtrends.org/2013/12/17/changing-patterns-of-global-migration-and-remittances/.
[2] 国家统计局. 中国2010年人口普查资料 [EB/OL]. (2012-04-25) [2015-02-06]. http://www.stats.gov.cn/tjsj/pcsj/rkpc/6rp/indexch.htm.

彩演讲所言："文明因交流而多彩，文明因互鉴而丰富。文明交流互鉴，是推动人类文明进步和世界和平发展的重要动力……我们应该推动不同文明相互尊重、和谐共处，让文明交流互鉴成为增进各国人民友谊的桥梁、推动人类社会进步的动力、维护世界和平的纽带。我们应该从不同文明中寻求智慧、汲取营养，为人们提供精神支撑和心灵慰藉，携手解决人类共同面临的各种挑战。"[1]正是秉持这样的价值理念，中国的国际地位不断提高，成为国际社会公认的世界和平的建设者、全球发展的贡献者，为世界和平与发展不断贡献中国智慧、中国方案、中国力量。

在全球化与中国国际地位提升的过程中，教育的国际化成为中国教育现代化发展的重要方向。《国家中长期教育改革和发展规划纲要（2010—2020年）》中更是明确提出，要加强国际交流与合作，开展多层次、宽领域的教育交流与合作，提高我国教育国际化水平，借鉴国际上先进的教育理念和教育经验，促进我国教育改革发展，提升我国教育的国际地位、影响力和竞争力，同时适应国家经济社会对外开放的要求，培养大批具有国际视野、通晓国际规则、能够参与国际事务和国际竞争的国际化人才。[2]这是对教育国际化人才培养方向提出了明确的要求。2016年4月，中共中央办公厅和国务院办公厅联合印发的《关于做好新时期教育对外开放工作的若干意见》也强调，要提高教育对外开放规范化、法治化水平，更好地满足人民群众多样化、高

---

[1] 新华社.习近平在联合国教科文组织总部的演讲[EB/OL].（2014-03-28）[2019-02-02].http://www.xinhuanet.com/world/2014-03/28/c_119982831_3.htm.
[2] 中华人民共和国教育部.国家中长期教育改革和发展规划纲要（2010—2020年）[EB/OL].(2010-07-29)[2018-12-29].http://old.moe.gov.cn/publicfiles/business/htmlfiles/moe/info_list/201407/xxgk_171904.html.

质量的教育需求，更好地服务经济社会发展全局。[1]2019年，中共中央、国务院印发《中国教育现代化2035》，聚焦教育发展的突出问题和薄弱环节，提出加快推进教育现代化、建设教育强国、办好人民满意的教育，同时要求开创教育对外开放新格局。[2]因此，如何在全球化3.0版的时代，基于中国自身的文化价值体系培养具有全球竞争力的人才，这是摆在当前中华民族伟大复兴道路上必须面对和解决的时代命题。

（二）科技革命和21世纪核心素养

每次科技革命的推进都对人的能力与素养提出了新的要求。第三次以计算机与信息技术为标志的科技革命，第四次以人工智能、清洁能源、机器人技术、虚拟现实以及生物技术为主的全新技术革命，将人类社会大大推向了现代科技时代，使得信息沟通与传递更为快捷，世界各国间的资源与信息共享更为便捷。全球化向纵深发展，信息科技发展快速，知识科技快速更新迭代，人类社会的物质与精神面临深刻变革，对人的能力与素养的要求也越来越高。

联合国教科文组织在2019年移动学习周期间发布的工作报告《教育中的人工智能：可持续发展的机遇和挑战》中提到，"由于企业通常很快就会采用基于人工智能的产品解决方案，这就意味着与人工智能的使用密切相关的新型职业和技术将快速增长，因此，教育部门迫切需要在这方面作出反应，课程必须作出改变，教育政策也要为之

---

[1] 新华社. 中共中央办公厅、国务院办公厅印发《关于做好新时期教育对外开放工作的若干意见》[EB/OL]. (2016-04-29) [2020-03-26]. http://www.gov.cn/home/2016/04/29/content_5069311.htm.
[2] 新华网. 中共中央、国务院印发《中国教育现代化2035》[EB/OL]. (2019-02-23) [2020-03-25]. http://www.xinhuanet.com/politics/2019-02/23/c_1124154392.htm.

调整"。[1]教育体系必须促使学生获得人类在人工智能社会生存所必需的能力。学生不仅要学会使用新技术，更要有能力与他人合作、解决问题，创造性地使用数字技术。为此，联合国教科文组织统计研究所在2018年6月发布的《数字素养技能全球参考框架》中提出了数字素养的领域和具体技能（见表1-1）。

表1-1　数字素养的领域及具体技能

领　　域	具　体　技　能
硬件和软件基础	具备基本的开关、充电等知识 具备基本的软件知识，如账户和密码管理、登录和隐私设置、电子交易等
资讯及数据素养	浏览、搜索、过滤数据、信息和数字内容 评估数据、信息和数字内容 管理数据、信息和数字内容
沟通和协作	通过数字技术进行交互 通过数字技术进行共享 参与公民活动 进行协作 网络礼节 管理数字身份
数字内容创建	数字内容开发 数字内容的整合与再细化 版权和许可 编程
安全	保护设备 保护个人资料及隐私 保护健康和福利 保护环境

---

[1] UNESCO.Artificial Intelligence in Education:Challenges and Opportunities for Sustainable Development [EB/OL]. (2019-06-20) [2020-03-26]. https://unesdoc.unesco.org/ark:/48223/pf0000366994/PDF/366994 eng.pdf.multi.

（续表）

领　域	具　体　技　能
解决问题	解决技术问题 确定需求和技术响应 创造性地运用数字技术 识别数字能力差距 计算思维
与职业相关的能力	在某一特定领域操作专门的软件或硬件（如工程设计软件和硬件工具）所需的知识 使用学习管理系统提供完全在线或混合功能所需的知识和技能

资料来源：UIS. A Global Framework of Reference on Digital Literacy Skills for Indicator 4.4.2 [EB/OL].［2018-06-26］. https://www.oecd.org/education/Global-competency-for-an-inclusive-world.pdf.

当然，这些数字素养只是新一代儿童在快速发展的技术世界中必备技能的一部分，事实上，我们还需具备更为丰富、更为复杂的素养体系。2013年，美国麻省理工大学的经济学家奥特（David H. Autor）和普莱斯（Brendan Price）研究了美国"二战"后在1960年至2009年间，美国劳动力就业市场中的技能需求变化。他们将劳动力市场的技能分为五大类：常规性手工技能（routine manual）、常规性认知技能（routine cognitive）、非常规性手工技能（non-routine manual）、非常规性分析技能（non-routine analytical）和非常规性人际互动技能（non-routine interpersonal）。从图1-1中可以明显发现：常规性认知技能和常规性手工技能需求直线下滑，非常规性手工技能整体上呈现下滑趋势，而非常规性人际互动技能和非常规性分析技能则在半个世纪中明显上升。因此，我们需要调动更高阶的非常规性人际互动技能和分析技能，在一个真实的高度复杂的环境中，创造问题的综合解决方案。这也就是经济合作与发展组织、世界银行等国际组织反复强调的"21世纪核心素养"。

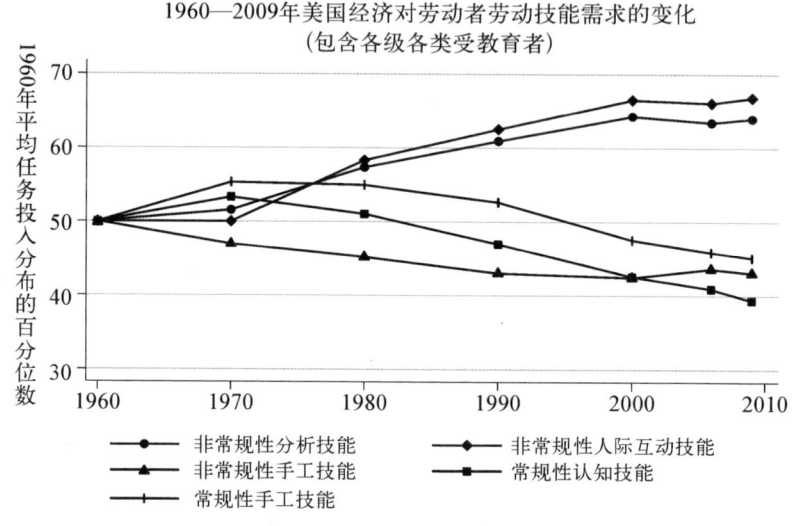

图1-1 美国劳动力就业市场中的技能需求变化（1960-2009）

资料来源：David H. Autor and Brendan Price (2013). The Changing Task Composition of the US Labor Market: An Update of Autor, Levy, and Murnane(2003)［EB/OL］.(2015-11-27)［2019-10-02］. http:// economics. mit.edu/files/9758.

如果说工业时代我们主要生产的是物质化的产品，那么，随着科学技术的快速发展和生产力的大幅提升，在物质文明高度发达的今天，社会价值链条的终端体现已部分地由物质满足转向了满足人的精神需求的服务价值。因此"创造性"将在未来社会发挥无可替代的作用。而实现这些创意的途径，则因为信息技术的快速发展变得越来越扁平和高效，未来的社会结构和我们的思维方式也将越来越扁平化。因此，我们必须重新思考"培养什么样的人""如何培养人"的问题，这是科技发展对世界各国教育提出的共通要求。

（三）国际幼儿园的蓬勃发展与课程专业性的匮乏

为应对经济快速发展的需要以及人口老龄化、人口比例失调等问题，中国实行"全面开放二孩"政策。"二孩时代"的来临直接刺激我国学前教育事业的蓬勃发展,特别是2017年教育部等四部门发布《关于实施第三期学前教育行动计划的意见》后,国际幼儿园[1]不仅在数量上有新发展,而且民众对其办学质量提出了更高的要求。此外,随着全球化进程的不断深入,中国家长也有着不同于以往的、更为开放的视野,对子女的教育需求、教育质量要求越来越高,对学前教育、国际教育的理解程度更高,家长对国际幼儿园的期待早已不单单停留在双语教学的层面,而是有着更为深层次的思维、视野的需要。

通过对某地区不同国际幼儿园23名家长的访谈,我们发现,家长之所以选择国际幼儿园,主要有两方面原因:一方面是基于对自身教育经历的反思,意识到自己过去接受的传统教育在内容与方式上相对封闭保守,希望孩子能够接受更为开放的教育;另一方面是因为信息的广泛传播促使人们的教育观念不断更新,对国际教育的接受度与包容度更大,越来越多的家长开始关注孩子的国际化发展,注重培养儿童的国际竞争力。家长希望幼儿园能够提供丰富的教育资源、丰富多样的课程与教学活动,注重培养儿童的独立性与自主性、自信心与责任感以及人际交往能力,发现并培养儿童的好奇心与创造力,通过游戏活动等方式帮助儿童在玩中学,在做中学。此外,在语言学习方面,家长们更强调外语的工具性,希望国际幼儿园给儿童提供良好的外语环境,帮助儿童形成语感,进行日常交流,自由流利地组织语言进行口头与书面表达。同时,家长也非常重视母语,甚至是当地方言的学习,认为这是孩子未来成长的文化根基。因此,不少国际幼儿园

---

[1] 本研究中的"国际幼儿园"主要指民办的吸纳国际元素或采用多种语言组织教育活动的幼儿园。

在课程中还融入了当地文化（如粤剧等），来满足家长的需求。

作为公办幼儿园的重要补充，民办幼儿园蓬勃发展。吸纳国际元素、采用国际课程、采用多种语言组织教育活动的国际幼儿园由于满足了中高端教育市场的刚需而发展迅猛。目前，我国大多数国际幼儿园采用的是五大领域融入英语的课程体系，也有部分资源比较丰富的国际幼儿园采用IB课程体系[1]下的PYP课程，或者诸如英国EYFS[2]之类的别国课程体系。无论采用哪种课程体系，部分民办国际幼儿园受到资本市场的裹挟，专业性投入不足，专业内涵发展存在诸多困境，如儿童缺位，教师专业性有待提升，课程目标流于口号，课程活动缺乏趣味性与连贯性，课程内容及资源割裂等，具体表现如下。

1. 儿童缺位

虽然大多数幼儿园的教育理念与课程目标反复强调以儿童为中心，但是在课程活动具体实施过程中，儿童的地位明显退居教师教学和课程内容之后。"儿童中心"目前似乎只存在于幼儿园话语体系中，在具体课程教学层面缺少儿童的真实存在，课程内容和教学进程完全由教师把控，儿童没有足够的活动空间和探索自由，缺乏自主性。

2. 教师专业性有待提升

我们通过调研发现，一些国际幼儿园教师的专业性亟待提升，主要体现在以下三个方面。首先，教师对教育理念、课程目标以及教学目标的理解不够清晰，不能深入了解其引领价值与指导意义，同样也缺乏对课程与教学目标进行操作化分解的能力，这就导致计划层面的

---

[1] IB课程体系由国际文凭组织IBO（International Baccalaureate Organization）提供，根据不同学段下设面向3—12岁学生的PYP（Primary Year Program）课程，面向11—16岁学生的MYP（Middle Year Program）课程和面向16—19岁学生的DP（Diploma Program）课程。
[2] 英国EYFS课程体系是英国早期基础教育体系（Early Years Foundation Stage）的简称，是由英国教育部聘请多名教育专家和一线教师，专门针对0—5岁的幼儿研发的课程体系。

课程活动无法落实实施并真正为儿童获得；其次，教师对儿童的理解流于表面，不够深入，缺乏对儿童学习方式与发展特点的深入了解，这使得设计的活动超出儿童理解范围，脱离儿童实际生活，缺少趣味性；最后，教师的学科理解与学科教学能力不足，教育教学知识与能力欠缺，这就使得教师在教学活动中缺乏与儿童的深度对话，无法为儿童提供专业引导，课程实施最终只停留在开展预设活动的层面。

3. 课程目标流于口号

我们将访谈收集到的言语材料与观察搜集到的实际情况进行对比发现，目前国际幼儿园课程的计划水平与实施水平存在较大差距。教师在访谈过程中都通过言语表达了对儿童主体地位的认识和以儿童为中心的教育理念。在课程目标中，教师也展示了激发儿童自主性，尊重儿童兴趣与发展规律，通过活动促进儿童德、智、体、美、劳全面发展的意向。但是在课程的实际实施中，教师明显表现出对课程目标口号式和表面化的理解，无法在课程目标与儿童内在发展之间建立广泛联系，将儿童发展结果简单化处理，导致课程目标失去了引领价值和指导意义，甚至出现了一些和课程目标不一致的教学行为，如课堂活动充满对儿童的规约与控制，忽视儿童的兴趣，活动流于形式，灌输知识成了教师的主要教学方式，为了教而教等。

4. 课程活动缺乏趣味性与连贯性

游戏活动是学前教育最主要的课程形态，这一学习与玩耍方式的出现与儿童所处的年龄阶段和认知特点相吻合。在愉悦的游戏活动中，儿童是积极的行动者。游戏活动对儿童发展起着独特的作用，是其他教学形式所不能取代的。游戏活动理应为儿童带来满足感与快乐，且不追求任何功利性目的。但调研中发现，目前国际幼儿园的游戏活动更强调儿童的知识获得，缺乏与儿童经验的联系，没有贯穿游戏的精神实质而徒留其形式，儿童的自主精神无处体现，创造精神无法发挥，导致课程活动严重缺乏吸引力与趣味性。此外，课程活动在准备环节、各环节的衔接、场景间的转换等方面均缺乏连贯性，导致课程活动在实施过程中存在许多无意义的空隙与等待，不仅耗费了孩子宝贵的时间，也消磨了儿童的注意力与好奇心，打乱了课程实施节奏与课堂活动的完整性。

5. 课程内容及资源割裂

通过调研，我们发现目前国际幼儿园未能实现课程内容与课程资源的融合利用。一方面，虽然基于儿童发展所需经验的不同层面，《3—6岁儿童学习与发展指南》将儿童的学习内容划分为五大核心领域，但每个领域并不是割裂的，而是相互交织融合在一起的。目前，幼儿园大都存在将健康教育、语言培养、科学认知、艺术表现、社会性发展等各方面内容割裂处理的倾向，教师并没有意识到在体育健康活动中也可以融入社会、艺术、语言等领域的资源和内容，这不仅不符合儿童学习的特点，也人为地造成了课程内容的割裂。另一方面，幼儿园有意识地设置了区域活动和材料，但是在区域细节上还缺乏思考与设计，例如，在环境布置过程中出现了材料堆砌、资源碎片化的情况，在环境与课程的衔接上缺乏有机整合与系统思维，环境布置的趣味性和吸引力不足，导致课程资源的割裂，无法充分发挥对儿童发展的支持作用。

造成这一现象的主要原因，一方面在于教师的专业性有待提升，特别是教师对儿童学习方式与发展特点的认知不够深入，没有还原儿童认识和探索经验世界的方式，特别是在实践过程中没有充分考虑儿童的特点；另一方面，教师没有充分理解幼儿园所采用的课程体系,并将其转化为日常教育教学的实践活动。尽管国际课程体系有很多值得肯定和学习的内容,但它们毕竟不是从中国文化土壤中生长出来的,其思维框架和话语表述逻辑难以被一线教师深入理解,尤其是经过译者处理之后。因此,中国的国际幼儿园亟须建构自己的课程体系,既吸取我国公办幼儿园课程体系的优势,又融合国际课程体系的精髓,还能深入浅出地让一线教师理解掌握,以确保中国国际幼儿园现有的办园质量,提升其市场竞争力。当然,除此之外,随着中国经济和社会的快速发展,我们也不排除部分优秀的幼儿园"走出去"的可能性。因此,建构一个扎根中国文化,使用中国话语体系的中国国际幼儿园课程体系,不仅能满足当前我国幼儿园自身教育升级发展的需求,也能帮助中国在竞争激烈的国际课程市场中获得一席之地。

为此,我们致力于依据中国《幼儿园教育指导纲要(试行)》和《3—6岁儿童学习与发展指南》,面向中国儿童,立足中国文化,扎根于中国教育理论,充分汲取美、英、法、德、日、芬兰等国学前教育先进理论与实践经验,以中国教师熟知的话语体系,建构一个面向中国国际幼儿园的课程体系。

二、我们的价值立场

价值立场是课程体系开发的立足点和根基。我们对"国际""教育""儿童"和"课程"形成了全面、深刻的理解,从而为国际幼儿园课程体系的建立提供了最重要的哲学思考。

(一)我们眼中的"国际"

要构建中国背景下的国际课程体系,首先有必要谈谈究竟什么是"国际"。《现代汉语词典》中,"国际"有两个含义:第一,国与国之间的或世界各国之间的;第二,世界或世界各国。[1]有学者认为,严格地说,"国际教育"是伴随民族国家的出现而出现的。[2]"一战"后,人们在战争的废墟中试图通过国家之间的相互理解来促进世界和平,如国际联盟在日内瓦成立,日内瓦国际学校随之建立,有学者认为国际教育一开始就是由国际谅解这一意识形态驱动的。[3]

"二战"后,特别是在以联合国教科文组织(United Nations Educational, Scientific and Cultural Organization,简称UNESCO)为代表的国际组织的大力推动下,消除憎恨、加强理解一度是国际教育的主旋律。

---

[1] 中国社会科学院语言研究所词典编辑室.现代汉语词典(第7版)[Z].北京:商务印书馆,2016:497.
[2] BUTTS R F. International Education: Overview [M] // Deighton. The Encyclopedia of Education. New York: The Macmillan Company & The Free Press, 1971: 165.
[3] CAMBRIDGE J, THOMPSON J. Internationalism and globalization as contexts for international education [J]. Compare, 2004, 34(2): 161-175.

随着经济全球化的加速，全球自由贸易和市场成为国际教育的另一驱动力。以学费收入为主，附加国际学生的寄宿费和其他生活支出，国际教育能够带来巨大的直接经济利益。此外，国际教育还能创造大量的就业机会，促进国家之间的贸易。各国纷纷意识到，国际教育能够在经济、公共外交等多方面带来效益，因此，许多国家将国际教育作为实现国家战略的工具。国际教育此后便具有了商品属性，其理念和实践都发生了极大的变化。

由此可见，国际教育的内涵十分丰富，外延形态也非常多样。有的学者认为它是一种超越民族国家的理念和方法论，如联合国教科文组织倡导的国际理解、和平教育等；有的学者认为这是一种基于民族国家的丰富多样的教育实践，包括频繁的人员流动、真实的合作办学、具体的国际课程，还有各种各样的国际教育援助等；也有的学者认为二者兼而有之。具体参见表2-1。

表2-1 不同学者对国际教育的定义

对国际教育的定义	学者
国际教育是从比较教育中分化出来的第二个专门领域，其内容包括对不同文化之间的思想交流、超越国界的人员流动以及为使两者协调一致而建立的机构组织等进行的研究。①	贝雷戴（Bereday）、乔治（George）
国际教育是两个或更多国家的个人或小组中的各种关系、知识分子、文化、教育，通过人、书籍或思想进行的跨越疆界的流动。②	弗雷泽（Fraser）、布里克曼（Brickman）
国际教育指一定阶段类别教育的（国际性）目标和内容，又指实施这些教育活动的机构和制度。在前一种意义上，国际教育旨在培养有关的能力，在后一种意义上，国际教育指有关的机构、项目以及正规教育或非正规教育的课程。③	胡森（Husen）
国际教育是为适应国际流动人口共同体而存在的一种教育制度，内容涉及多个国家的教育合作。④	麦肯齐（McKenzie）
国际教育是在国际学校和其他机构中"国际意识"教育的理论与实践中动员起来的一系列思想。⑤	坎布里奇（James Cambridge）、汤普森（Jeff Thompson）

（续表）

对国际教育的定义	学　者
国际教育就是为了创造一个更好的世界而进行的一切教育努力，旨在培养"全球公民"的"国际理解"能力。⑥	詹姆斯（James）
国际教育的显著特点是研究在国界以外的问题，并运用跨文化理解、批判性思维和协作的能力，以形成有利于人类未来的相互尊重和全球可持续发展的态度。⑦	希尔（Hill）
国际教育主要包含三层含义：一是研究跨国和跨文化教育的问题以及教育、社会、经济和政治等因素对国际关系的影响和作用的教育分支学科；二是使受教育者获得理解国际教育所必需的语言、能力、观念和态度的教育；三是促进国家间教育、学生和资料的交流的教育计划。⑧	顾明远
国际教育乃是一种以世界教育改革和发展的广阔背景为视角，以促进国际理解与和平为目的，以教育资源、信息和人员的跨国流动为主流，以国际学校、国际合作与交流机构为依托，以全球性的问题或人们普遍关注的教育问题为主题，以跨国和跨文化为特征的现代比较教育理论。⑨	徐辉
国际教育是一种教育制度，一个研究领域以及一种教育政策，至少包括三个部分：课程内容；学者与学生在培训与研究方面的交流；由技术支持的教育制度和跨越国界的教育合作计划。⑩	李爱萍

① 资料来源：BEREDAY, GEORGE Z F. Reflections on Comparative Methodology in Education, 1964-1966 [J]. Comparative Education, 1967(3): 169-187.
② 转引自 FRASER, STEWART E. International and Comparative Education[J]. Review of Educational Research, 1967, 37(1): 57.
③ 资料来源：HUSEN T, POSTLETHWAITE T N. The International Encyclopedia of Education, Oxford: Pergamon, 1994: 89.
④ 资料来源：MCKENZIE M. Going, Going, Gone Global! [M] // Hayden M C, Thompson J J. International Education: Principles and Practice. London: Kogan Page. 1998: 242-252.
⑤ CAMBRIDGE J, THOMPSON J. Internationalism and globalization as contexts for international education [J]. Compare, 2004(2): 161-175.
⑥ 资料来源：JAMES K. International Education: The Concept, and Its Relationship to Intercultural Education[J]. Journal of Research International Education, 2005（4）: 313-332.
⑦ HILL L. Multicultural and International Education: Never the Twain Shall Meet?[J]. Review of Education, 2007(3): 245-264.
⑧ 资料来源：顾明远.教育大辞典［M］.上海：上海教育出版社，1993：8.
⑨ 资料来源：徐辉.比较教育的新进展：国际教育初探［M］.成都：四川教育出版社，2001：4.
⑩ 资料来源：李爱萍.美国国际教育：历史、理论与政策［M］.昆明：云南大学出版社，2005：89.

此外，在调研中发现，国际幼儿园实践层面的利益相关者对于什么是"国际"也有自己丰富的理解。幼儿园的管理者普遍认为，国际教育不只是实施国际课程，请外教，学英语，国际教育要将蒙氏、高瞻、瑞吉欧、华德福这样的国际教育理念融会贯通；要立足本土化，再放眼世界；要让孩子积极参与，自主决定，开阔视野，动手实践；国际视野和国际文化中，师资的多元化必不可少，教师不仅是语言的载体，更是文化的传递者。当然，也有部分管理者比较简单地认为"IB认证就是国际"。

国际幼儿园的教师与管理者关于"国际"的理解基本一致。此外，他们同样强调民族的重要性，民族的就是世界的，民族文化就是国际的一部分；同时也强调多元文化和思维的开阔性。这既需要必备的语言技能，确保语言交流无障碍，同时也需要更多体验和实践的机会，发散并开阔思维，开放包容，自由自律，遵守规则。

国际幼儿园的家长对于"国际"同样有非常专业的理解。一方面，他们认同中国文化的重要性，"面向世界也面向中国，中国的国学与历史不能丢"；另一方面，他们也强调要保护孩子的创造性，培养孩子的批判精神、探究精神、开放的思维方式和视野，让孩子学会生存，以自己的速度不断自我完善。当然，与此同时，家长普遍重视外语学习的重要性，将外教视为选择国际幼儿园的重要标准之一。

由此可见，大多数国际幼儿园的管理层、家长和教师能够对"什么是国际""什么是国际课程"有一个较为积极、全面的认识，能够意识到国际课程中培养孩子的国际视野与国际能力的重要性，而不会把国际教育仅仅窄化为英语学习，同时也能够注意将国际教育与中国本土文化相结合。但是，三者也存在认识差异，存在"IB认证便是国际""英语是国际教育的必备要素"等有待商榷的认识。

我们同样认同他们的部分观点。中国日益成为国际舞台上不可或缺的一部分，在政治、经济、文化各方面发挥着重要作用，国际的要素逐渐融入中国，推动中国走向世界，而与此同时，中国的元素也逐渐成为国际的要素。因此，"国际"应该是包容的、开放的，要容纳传统文化的精髓与时代的精华。

我们眼中的"国际"是多元、包容、开放的文化环境，不仅在物理空间和学习资源中充满世界各国文明的元素（既包括中国的，也包括外国的，既包括发达国家，也包括发展中国家），更在幼儿园点点滴滴的日常生活中体现兼容并包的思维方式和价值态度。

我们眼中的"国际"是**博采众家之长**，在坚定中华文化立场，继承并发扬中华优秀传统文化的基础上，收集与整理资料，吸收、借鉴国际学前教育的先进理念与教育模式。

更需要强调的是，我们眼中的"国际"还包括**探寻共通之道**，立足于指向未来社会共通的核心素养，不单是中国的也不仅是外国的，而是整个人类社会共同需要的元素，这才是国际幼儿园真正需要的立足点。

（二）我们眼中的"教育"

我们立足于全人类、全世界共同的发展与未来来理解教育。联合国教科文组织在报告《反思教育：向"全球共同利益"的理念转变？》中明确提出，教育应以尊重生命和人格尊严，权利平等和社会正义，文化和社会多样性，以及为建设共同的未来而实现团结和共担责任的意识这一人文主义价值观作为基础和目的。[1]顾明远先生也

---

[1] 联合国教科文组织.反思教育：向"全球共同利益"的理念转变？[R].法国：联合国教科文组织，2015：38.

说:"教育的本质可以概括为:提高生命的质量和提升生命的价值。教育对个体来说,提高生命的质量,就是使个体通过教育,提高生存能力,从而能够生活得有尊严和幸福;提升生命价值,就是使个体通过教育,提高思想品德和才能,从而能够为社会、为他人作出有价值的贡献。"[1]

我们相信,**教育就是一个以尊重人和生命为基础,以平等、正义、多元为价值导向,超越狭隘的功利主义和经济主义,在儿童与儿童、儿童与成人的社会交往过程中,帮助个体提高生命质量和提升生命价值的过程**。这是一个由内向外、内外兼修的过程。在此过程中,顾明远先生反复强调要处理好四个关系,"自己与自我的关系、自己与他人的关系、自己与社会的关系以及自己与自然的关系":要引导儿童与青少年在正确对待自己方面,知己则明,宠辱不惊;在正确对待他人方面,尊重他人,和谐相处;在正确对待社会方面,热爱祖国,尽职尽责;在正确对待自然方面,保护自然,节约资源。一方面,儿童要不断进行自我探索与思考,逐渐形成对自我的相对清晰的认知;另一方面,在正确认识与对待自我的基础上,以恰当的方式向外部世界表达与释放能量,尊重他人、贡献社会、热爱自然。[2]

链接 顾明远《再论教育本质与教育价值观》节选[3]

长期以来,人们以工具理性来认识教育,重视教育的功能性,忽视教育的本体性。近些年来,学术界开始重视教育本体性的研究,因此提出生本教育、生命教育、和谐教育等理念,提出

---

[1][3] 顾明远.再论教育本质和教育价值观——纪念改革开放40周年[J].教育研究,2018,39(5):4-8.
[2] 顾明远.重新认识教育的本质[N].中国教师报,2016-05-04(14).

教育要尊重生命、发展生命、促进学生和谐发展。联合国教科文组织2015年的报告《反思教育：向"全球共同利益"的理念转变？》（以下简称《反思教育》）也提出，教育应该以人文主义为基础，以尊重生命和人类尊严、权利平等、社会正义、文化多样性、国际团结和为可持续的未来承担共同责任。任何生物，一要生存，二要发展，三要繁衍。毫无疑问，教育是人生存和发展的基础，教育要使人的生命得以发展。但人类是结成社会的，个体不可能单独生存。自从猿猴转变为人类以后，人们就结成了族群。族群为了生存，就要利用自然、改变自然，还要与其他集群争夺资源。人类发展到阶级社会，每个人都处在一定的阶级中，必然就要为本阶级的利益服务。人总是社会的人，正如马克思所说的："人的本质并不是单个人所固有的抽象物。在其现实性上，它是一切社会关系的总和。"因此，教育也不是抽象地传递生活经验、培养抽象的人，而是结合具体的个人在社会中所处的地位进行的。所以，教育在不同的社会就有不同的性质，在阶级社会中就具有阶级性。

在工人阶级掌握政权以后，在消灭阶级的过程中，就要为全体公民提供普遍的教育。这就为每个个体的生命发展提供了条件，教育的本体性就凸现出来；但是，教育的本体性和功能性是不可分的。教育是个体生存发展的基础，但教育要培养下一代适应他们所处的社会环境，因而教育也就被赋予了社会的功能。当然，教育促进个体的发展是基础，没有个体的发展，也谈不上教育社会功能的实现。

我认为，如果从生命发展的视角来说，教育的本质可以概括为：提高生命的质量和提升生命的价值。教育对个体来说，提高生命的质量，就是使个体通过教育，提高生存能力，从而能够生活得有尊严和幸福；提升生命价值，就是使个体通过教育，提高思想品德和才能，从而能够为社会、为他人作出有价值的贡献。人都要实现人生价值。人生价值就是要对社会、对人类、对自然作出一点贡献。人的价值总是体现在与他人、他事的关系中。在人类社会中孤立的自我价值是不存在的。这就又回到功能性问题了。所以教育的本体性与功能性是无法分开的。

（三）我们眼中的"儿童"

1989年11月20日第44届联合国大会第25号决议通过《儿童权利公约》，规定：儿童是指18岁以下的任何人，除非对其适用的法律规定的年龄不到18岁；各缔约国需采取措施，以尊重和实现公约所载的权利，包括儿童的生命权、存活与发展权、姓名权、国籍权，以及言论、思想、宗教信仰、结社及和平集会权；各国都应保护儿童免于身心摧残、伤害、凌辱、忽视、虐待或剥削等；各国应确保儿童有接受教育之权利，在机会均等之基础上逐渐实现这项权利等。[1]联合国《儿童权利公约》既从生理年龄上明确了儿童的界定，又从儿童应享受的社会权利上说明了儿童发展的内在需求。当然，联合国《儿童权利公约》关于儿童年龄的界定显然大于本研究中的学龄前儿童，但其对儿童基本权利的尊重和积极促进儿童发展的精神，是本研究高度认可的。

事实上，认同这种精神的还有很多中外学前教育大家，如卢梭

---

[1] UN. Convention on the Rights of the Child［EB/OL］.［2020-03-20］. https://www.unicef.org/child-rights-convention/convention-text.

（Jean Jacques Rousseau）曾说，在万物的秩序中，人类有它的地位；在人生的秩序中，童年有它的地位；大自然希望儿童在成人以前就要像儿童的样子，如果我们打乱了这个次序……我们将会造成一些年纪轻轻的博士和老态龙钟的儿童。蒙台梭利（Maria Montessori）强调儿童心理发展是天赋能力在适宜环境中的自然表现，儿童心理发展具有敏感期，具有阶段性，是在工作中实现的。[1]福禄贝尔（Friedrich W. A. Fröbel）也强调教育要顺应儿童的天性，让儿童从最初时期就不受干扰地自然发展，按照儿童的本能和天赋给予适切的教育，使其自由、快乐地成长；任何强迫和压制的教育行动，都是扼杀儿童的天性。[2]张雪门也反复强调，儿童绝不是具体而微的成人，两者不但生长上快慢不同，即便是生理上的结构也不一样。比如儿童的骨骼相比成人较富于磷质，躯干较长，腿部较短，腿部的发展就必须依靠滑车、三轮车等运动。此外，张雪门充分强调了这一时期儿童认知的特征："儿童进幼稚园的时候，各种感官已经发育完全，且也已能彼此联络；受外界刺激而起的反应颇快，整天奔东奔西，看看这样，望望那样，感觉的好奇逐渐蜕化，而理智的好奇已起。生活经验的扩充，好奇实为其根本的要素。再加这一时期模仿和暗示感受性极盛，摹拟成人的生活，一一都从其游戏中表现出来；然后对生活的意识，儿童始有了把握。思考是对行为最重要的；虽儿童对于事物的关系与因果的比较，因观察经验的缺乏，常作出可笑的假定，然而不能不承认其已有思考的作用。我们应该怎样加以训练，使思考力逐渐发展起来，完全可充实生活的方针，在研究教材的时候是不得不再三注意的。"不难发现，张雪门强调了儿童发展的几个基本要

---

[1] 霍力岩.试论蒙台梭利的儿童观 [J].比较教育研究，2000(06): 51–56.
[2] 焦依平，朱成科.福禄贝尔与蒙台梭利两种儿童教育观之比较 [J].教育科学研究，2017(11): 70–73.

素：好奇、模仿、思考、想象，特别强调了理智的发展、思维的发展，这意味着我们不仅要遵从儿童学习的基本方式，更要引领和促进儿童的发展。"如雨后的流水、天上的浮云，儿童常对着发生神秘奇妙的想象，而这种想象不论其是否后日伟大理想的基础，就是想象的本身在个体生活上也有其不可磨灭的价值，须鼓励它一天比一天发达才好。"[1]

这样的认知在国际幼儿园实践层面也得到了高度的认同。大多数受访的管理者表示，孩子天生充满好奇，幼儿园所有的活动要源自儿童真实生活，尊重儿童的需求和愿望，落实到儿童发展上。教师们也普遍表示，大部分的儿童天生活泼好动，喜欢游戏，充满好奇心，喜欢问问题，同时有一定的自主性，因此在活动中要尊重儿童，充分给儿童自我发展的机会。

为了充分汲取其他国家的学前教育优秀理论与实践经验，在更加广阔的视角下思考国际幼儿园的课程体系，我们分析了世界主要发达国家和中国的学前教育课程的纲领性文件，包括美国的《开端计划早期学习结果框架》[2]、德国的《下萨克森州儿童日托机构教学指导大纲》[3]、法国的《母育学校教学大纲》[4]、芬兰的《学前教育国家核心课程》[5]、日本的《幼儿园教育要领》[6]和中国的《3—6岁儿童学习与发展

---

[1] 张雪门.幼稚园教材研究 幼稚教育新论[M].北京：商务印书馆，2014：7-12.
[2] "开端计划"是美国联邦政府迄今为止规模最大的早期儿童发展项目，2000年首次发布《开端计划儿童发展结果框架》(The Head Start Child Outcomes Framework)，于2010年和2015年进行了修订。2015年版的《开端计划儿童发展结果框架》将适用儿童的年龄从3—5岁扩展为0—5岁。
[3] 德国各州实行教育自治，没有全国统一的学前教育国家课程，各州依据相关法律在考虑本州的需要和特点的基础上自主制定学前教育课程。德国下萨克森州根据《社会福利法》和《下萨克森州儿童日托机构法》制定了《下萨克森州儿童日托机构教学指导大纲》，大纲面向3—6岁儿童。
[4] 法国1986年颁布《母育学校教学大纲》，20年间进行了6次修订与更新，最新版本的《母育学校教学大纲》于2015年颁布。
[5] 芬兰2000年首次颁布《学前教育国家核心课程》(National Core Curriculum for Pre-primary Education)，于2010年、2014年进行过两次修订，面向6—7岁儿童。
[6] 日本文部省1956年颁布《幼儿园教育要领》，于1964年、1989年、1998年和2008年修订。

指南》[1]，并对以上文件进行了比较分析。我们发现，很多国家都将儿童视为一个独立完整的人，而不是成人的附庸，尊重儿童的尊严、权利与差异性，肯定儿童的自我价值，强调儿童发展的整体性。表2-2列举美国、德国、芬兰和中国四国的儿童观。

我们眼中的儿童是一个**大写的"人"**。我们认为，儿童是独立的个体，也是社会的一分子，是自己文化的创造者。我们相信，儿童是天然具备好奇心，而且是具有自主性的积极学习者。他们通过玩耍、游戏等具有年龄阶段性的学习方式，构建和探索周围的世界以获得知识和发展。孩子们是其生活的积极行动者，而不是他人努力教育的对象，为此我们强调儿童在面对这个充满新奇的世界时所具有的主观能动性、自我决策能力和求知欲望。

我们呼吁**把学习的主动权还给儿童**，重新理解"课堂""教师""学习"等概念，课程活动以儿童发展为中心，呵护儿童的好奇心和创造力，强调儿童与外部世界中其他人，如伙伴、教师、家长、社区成员等的主体间性，以系统思维来开展幼儿教育，强调儿童身心健康、认知、情感、能力、信念、行为等各方面发展的整体性。此外，尊重每个儿童的个体差异性，促进每个儿童实现符合其年龄特点的整体成长、健康、福祉和发展。

（四）我们眼中的"课程"

在幼儿园，以前很少运用"课程"的概念，更多使用的是"活动"。这当然与儿童这一阶段的身心发展特征和学习方式有紧密的关联，但如果仅仅讨论"活动"，在日常实践中往往容易忽视"活

---

[1]《3—6岁儿童学习与发展指南》于2012年10月9日由中华人民共和国教育部正式颁布。

表2-2 美国、德国、芬兰、中国四国的儿童观

国家	能动性	独特性	发展整体性	差异性
美国	人是天生的学习者，儿童在面对这个充满新奇的世界时具有的主观能动性和求知欲望。	每个儿童都是独一无二的，可以成功的。	儿童发展的领域是整合的，儿童可以同时学习很多概念和技能。	不同的家庭文化、背景、语言和信仰使儿童的优势各异。
德国		所有孩子的个性都应得到自由发展。	他们通过自己的社会、物质和文化世界以及自己的身体积极并愉快地与感官印象和行为活动进行互动。	
芬兰	幼儿天生充满好奇，希望学习新事物，并不断地修改和重复所学的东西。	每个幼儿都是独一无二、有价值的。	儿童的学习具有整体性，它集知识、技能、行动、情感、感官知学、身体体验和思维于一身。	
中国			儿童的发展是一个整体，要注重相互渗透和整合，促进幼儿身心全面协调发展，而不应片面追求某一方面或几方面的发展。	要充分理解和尊重幼儿发展进程中的个别差异，支持和引导他们从原有水平向更高水平发展，按照自身学习与发展的速度和方式达到《3-6岁儿童学习与发展指南》所呈现的发展"阶梯"，切忌用一把"尺子"衡量所有幼儿。

动"背后的目的和价值。在我国,"课程"一词始见于唐代。孔颖达在《五经正义》里为"奕奕寝庙,君子作之"句注疏:"以教护课程,必君子监之,乃得依法制也。"宋代朱熹在《朱子全书·论学》中亦有"宽着期限,紧着课程""小立课程,大作功夫"等句。这里的课程含有学习的范围、进程、计划的程式之义。"课程"的英文"curriculum"一词源于拉丁文currcle,即race course,意为"跑道"或"民族经验",即将民族先辈的经验,选择后传给下一代,使其通过学习达到一定的社会要求。[1]因此,一切有计划、有选择、旨在促进儿童生长和发展的活动,我们都可以称之为"课程"。

因此,受访的国际幼儿园的管理者纷纷表示,他们常常思考,孩子一天在幼儿园要干什么?哪些活动能够促进发展?能发展哪些方面?课程系统如何充分考虑不同年龄的差异和儿童个体需求的差异,同时注重其内在的逻辑性?一线教师也表示应有目的、有计划地引导儿童发展,有意识地创设情境课程,要面对儿童发生矛盾之类的随机课程,注重儿童生活中的各种细节,如排队喝水、拿玩具等,都是重要的课程契机。

我们认同以上观点,强调幼儿园**"一日生活即课程""大自然、大社会皆课堂""教师是儿童发展的支持者、合作者、引导者"**。我们相信儿童的课程应**围绕儿童,源于儿童,施与儿童**。我们基于对儿童的深切关爱与深入体察,适应儿童的身心发展和当地的社区背景,通过充分的设计和准备,将资源、环境、材料、方法、活动等适当地融合,以期达到"不教而教"的效果,帮助儿童在身体、认知、情感、能力、行为、信念等方面实现自在、自由、自主的全面发展,拥有生活的热情。

---

[1] 顾明远. 教育大辞典 [M]. 上海:上海教育出版社,1992:892.

三、我们培养什么样的儿童

教育是未来工程,我们立足未来社会,思考未来儿童应有的模样。正如顾明远先生所言,社会的变革,特别是科学技术的革新,正在改变着教育的生态环境,改变着教育观念和教育方式,但是,在变化中也有不变的,那就是教育的本质不变。教育传承文化、创新知识和培养人才的本质不会变,立德树人的根本目的不会变。因此,未来儿童既要承载人类千年文明的优良传统,又应回应时代发展和科技变革对人类社会提出的新要求。

> **链接** 顾明远《再论教育本质与教育价值观》节选[1]
>
> 社会的变革给教育带来的改变之一是,学习的渠道扩宽了,学习已经不限于学校,而是处处可以学习、时时可以学习。改变之二是,教育培养的目标转变了,现在是创新时代,科学技术日新月异,只有培养学生批判性、创造性的思维能力,才能适应时代要求。改变之三是,课程内容要变化,不仅要增加新的知识内容,而且要把课程加以整合。由于人们观察事物的角度是综合的,新的科学发现和技术发明往往是在交叉学科上发生的,因此未来课程将重视学科内容的整合。改变之四是,学习方式发生着

---

[1] 顾明远.未来教育的变与不变[N].中国教育报,2016-08-11(03).

根本性变化，学生可以通过互联网获取各种知识。正如联合国教科文组织《反思教育：向"全球共同利益"观念的转变？》（以下简称《反思教育》）中所说，知识是人类共同财富，可以人人共享。改变之五是，互联网为个性化学习、个别化学习提供了条件。信息技术在教学中的应用，可以使教师更好地根据学生的学习兴趣和爱好，为每个学生设计个性化的学习计划。这将促进课程和学习方式的多样化，增加学生选择的机会。改变之六是，改变了师生关系，教师的角色必须由传统教育的知识传授者转变为教育的设计者、指导者和帮助者，成为与学生共同学习的伙伴。

但是，在变化中也有不变，就是教育的本质不变。教育传承文化、创新知识和培养人才的本质不会变，立德树人的根本目的不会变。正如《反思教育》中所说："教育应该以人文主义为基础，以尊重生命和人类尊严、权利平等、社会正义、文化多样性、国际团结和为可持续的未来承担共同责任。"当今教育要超越狭隘的功利主义和经济主义，回归教育的本原。教育是人的权利，是社会发展的基础，是全社会的公益事业。教育永远要把培养学生的思想信念、道德情操放在第一位，培养德才兼备的未来公民。

我们相信，无论时代如何变迁，学前教育都需要帮助儿童拥有**健康的体魄、聪明的头脑和温暖的心灵**。

如何培养健康的体魄？我们要为孩子的成长提供安全的环境，养成健康的生活方式。3—6岁儿童正处于身体迅速发展的黄金时期，骨骼、肌肉成长速度快，身高、体重迅速增长。同时，脑组织和脑机能迅速发展，儿童的脑重量大约在5岁时达到成人的90%。此外，粗大动作与精细动作技能获得长足进步。因此，拥有健康的身体在这一阶段至关重要，营养和运动是这一阶段儿童身体发展必不可少的需求。

如何培养聪明的头脑？我们要让孩子在丰富多样的人类文明中受到滋养，并养成良好的学习品质和思维方式，获得组织计划、时间管理、人际交往等多项可迁移技能。儿童天生具有强烈的好奇心和求知欲，3—6岁儿童的感知觉能力已经得到良好发展，逻辑思维和运算思维初步建立，儿童语言能力迅速发展，有着充沛的想象力。因此，在这一阶段，我们要通过多种活动和游戏，使儿童在模仿和玩耍的过程中获得智力发展，拥有聪明的头脑、敏捷的思维，养成良好的学习品质，习得多项可迁移技能。

如何拥有温暖的心灵？我们要提供丰富多彩、真实复杂的教育情境，培养儿童自信、坚毅、关爱、尊重、担当、积极主动、开放包容的社会品质，并帮助孩子建立集体主义与和谐共生的社会价值观。3—6岁是儿童个性形成与发展的关键时期，儿童要学会在照顾自己的同时关爱他人，拥有一颗温暖的心，初步学会与其他人交往的技能。促进儿童的社会性发展是世界各国学前教育的共同使命，如德国《下萨克森州儿童日托机构教学指导大纲》中指出，将孩子培养成具有自主意识和合作精神的个体，是幼儿教育、抚养和看护的首要目标；芬兰学前教育的重要目标就是培养幼儿的团队合作和互动技能，提高幼儿在同龄人群体中的行为能力，引导幼儿以负责任和可持续的方式行事，尊重他人，并成为社会的一员；法国学前教育重视让儿童学会共同学习与生活；日本学前教育则特别强调要让儿童拥有生活的热情。在这一阶段，我们要帮助儿童逐步适应幼儿园的集体生活，在与他人交往的过程中形成自信、关爱等积极的心理品质。教育是提升儿童个体生命、浸润儿童个体心灵的过程，这要求我们走进儿童、读懂儿童，深入儿童内心，通过高品质课程的实施，让国际幼儿园的孩子不仅成"才"，更要成"人"。

我们同时也相信，随着技术的发展和时代变革，社会对个体提出了许多新要求。2012年3月，经济合作与发展组织发布了一份题为《为21世纪培育教师 提高学校领导力：来自世界的经验》的研究报告。该报告明确指出，21世纪的学生必须掌握以下四个方面的十大核心技能：(1) 思维方式，即创造性、批判性思维，问题解决能力、决策能力和学习能力；(2) 工作方式，即沟通和合作能力；(3) 工作技术，即信息技术和信息处理能力；(4) 生活技能，即公民素养、生活和职业能力以及个人责任和社会责任。其中，掌握无定式的复杂思维方式和工作方式最为重要，这些能力都是计算机无法轻易替代的。[1] 2013年，联合国教科文组织发布的《向普及学习迈进——每个孩子应该学什么》(Towards Universal Learning: What Every Child Should Learn) 也指出，教育不仅仅要帮助学生掌握基础知识，还需培养学生作为全球公民所必需的可迁移技能，如批判性思维、沟通能力、问题解决和冲突解决的能力等。[2]

近20年来，国际社会对21世纪核心素养也基本达成了共识，即我们通常所说的4C能力：审辨思维 (critical thinking)、沟通 (communication)、合作 (cooperation)、创新 (creativity)。儿童在游戏中学习，在做中学。儿童天生具有好奇心和想象力。学前教

---

[1] OECD. Preparing teahcers and developing school leaders for the 21st century [EB/OL]. [2012-12-16]. https://read.oecd-ilibrary.org/education/preparing-teachers-and-developing-school-leaders-for-the-21st-century_9789264174559-en#page1.
[2] UNESCO. Teaching and Learning: Achieving quality for all [R]. Paris: UNESCO, 2014: 295.

育的重要使命就是要保护孩子的好奇心和想象力,并鼓励孩子在实践中探索,满足自己的好奇,鼓励孩子将自己的想象变成现实。因此,我们在成人版4C能力的基础上提出了儿童版的4C能力,即**好奇心(curiosity)、沟通(communication)、合作(cooperation)、创造(creativity)**。儿童从自身的好奇心出发,通过与他人(或者是成人,或者是儿童)进行真实复杂的沟通与合作,进而在实践中满足自己的好奇,将自己的想象变成现实,创造出儿童世界的作品。这不仅是未来社会对未来儿童提出的新要求,同样也是儿童学习的过程。

图3-1　经济合作与发展组织与哈佛大学联合发布的
　　　　"全球胜任力"模型

此外,儿童版的4C能力也与哈佛大学零点工程项目(Project Zero)提出的"全球胜任力"模型[1]不谋而合。哈佛大学认为,"全球

---

[1] 该模型后被OECD采纳,于2017年12月正式发布,纳入了2018年全球PISA测试的范围之内。

胜任力"是指个体能够体察本土、全球和跨文化问题，理解并欣赏他者的观点和世界观，与来自不同文化背景的人进行既相互尊重又有效的互动，并为集体福祉和可持续发展采取负责任的行动（如图3-1所示）。[1]同样包括好奇心、沟通、合作和创造四种能力。

> **链接** 全球胜任力
>
> 2018年，经济合作与发展组织（OECD）在借鉴哈佛大学零点工程项目（Project Zero）等关于"全球胜任力"研究的基础上，提出了《PISA全球胜任力框架》。根据《PISA全球胜任力框架》的界定，"全球胜任力"是一种多维度的能力，是指个体能够体察本土、全球和跨文化问题，理解并欣赏他者的观点和世界观，与来自不同文化背景的人进行既相互尊重又有效的互动，并为集体福祉和可持续发展采取负责任的行动。OECD将"全球胜任力"分为相互依存的四个维度，这四个维度又由四个不可分割的因素——知识、技能、态度和价值观支撑。我们将四大维度与四大因素整理成表3-1和表3-2。
>
> 表3-1 "全球胜任力"的四个维度
>
> | 维　　度 | 阐　　释 |
> | --- | --- |
> | 体察本土、全球和跨文化问题 | 当面对全球性问题时，能够有效地运用自己关于世界的知识与批判推理的认知能力，来形成自己的观点。 |
> | 理解并欣赏他者的观点和世界观 | 有意愿也有能力考虑全球性的问题，并从多个角度理解他人的看法和行为。 |

---

[1] OECD. Handbook-PISA- 2018- Global-Competence［EB/OL］.［2018-03-07］. http://www.oecd.org/pisa/Handbook-PISA-2018-Global-Competence.pdf.

（续表）

维　度	阐　释
与来自不同文化背景的人进行既相互尊重又有效的互动	与来自不同文化背景的人互动时，能理解他人的文化规范和互动方式，能把握文化交融情景下的礼节和分寸，并能灵活地调整自己的沟通方式和行为方式。
为集体福祉和可持续发展采取负责任的行动	能够成为积极的、有社会责任感的一员，已经做好准备回应本土、全球或跨文化问题。

表3-2 "全球胜任力"的四个支持因素

支持因素	阐　释
知识 关于世界和其他文化的知识	需了解既会影响到人们的本土生活，又会影响到世界的发展性问题，同时还需了解不同文化间的异同和关系。
技能 理解世界并采取行动的技能	这些技能建立在特定认知、沟通和社会情绪技能之上，既指复杂的、结构化的思维方式，又指为达成某一目标的行为能力 包括根据信息进行推理的能力，跨文化背景下的沟通技能，理解他人观点的能力，解决冲突的技巧和适应能力。
态度 开放的态度，对不同文化背景的人的尊重以及全球思维方式	对其他人、群体、机构、问题、行为等采取开放包容的思维方式，这种思维方式整合了信仰、评价和特定的行为倾向。
价值观 对人类尊严和多元性的价值认同	对不同文化背景的人采取开放的态度，对文化差异采取尊重的态度，拥有全球意识。

需要特别强调一点，4C能力、健康的体魄、温暖的心灵、聪明的头脑这四者并非决然分开，恰恰相反，这四者之间是相互融合、相互支持、相互促进的关系。4C能力是健康的体魄、温暖的心灵、聪明的头脑在21世纪的凸显，是需要特别重视和培养的时代特质；而健康的

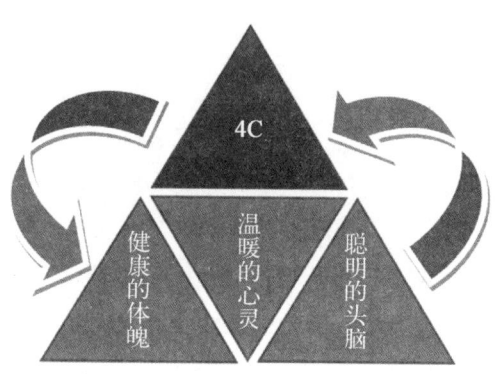

图3-2 未来儿童发展目标双螺旋模型

体魄、温暖的心灵、聪明的头脑则是培养4C能力的重要保障和基础,彼此形成双螺旋支持与互动的关系(如图3-2所示)。

  国际幼儿园C⁺课程的命名,一是意喻这套课程是立足中国文化(Chinese culture)(之所以立足中国文化,是因为我们坚信只有民族的才是世界的,人类文明之所以能够延续并发展,是建立在丰富多彩的多元民族文化基础之上的,是各民族文化交融碰撞的结果,一个人的民族文化自信是其"全球胜任力"的根基和力量源泉),面向中国儿童(Chinese children)研发的一套国际课程体系(这里的中国儿童,不是以国籍为标准的概念区分,而是以文化为向心力的对象集体,因此不排除来自其他国家并有意学习中国文化的国际儿童);二是强调该课程追求的核心目标是培养儿童在未来社会生存所必须具备的4C能力,这也是C⁺课程作为国际课程天生具备的基因,同时也是区别于其他课程的最大特点;三是除了4C能力之外,健康的体魄、聪明的头脑和温暖的心灵的培养目标中同样包含大量儿童发展的优秀品质,如自信(confidence)、关爱(caring)、集体主义(collectivism)、和谐共生(co-existence)等,当然这并不排除其他不以英文"C"开头的优秀品质,如尊重(respect)、担当(responsibility)、积极主动

（initiativeness）、开放（open-mind）、包容（inclusiveness）等，这些品质恰恰都是C"加"的对象，且每个国际幼儿园也可根据本地的文化和自身的发展历史，在C^+课程中融入自身的特色和价值追求。我们相信，C^+融入的所有元素都不会是简单的物理叠加，而会以指数级的发展速度产生强大的化学变化，为儿童的成长注入积极正向的无穷力量。

四、儿童成长需要什么

课程内容需要切实满足儿童成长的需求，我们真切关注儿童身心发展的阶段性特点，坚持以儿童发展为中心，提出六大领域、六大进阶课程以及儿童学习循环体，满足儿童成长的需要。

（一）儿童发展的六大领域

张雪门早在一百年前就提出，儿童的生活包括两种：一种是社会的生活，一种是个体生活。社会的生活是指"我们想要在这一个群众的社会里生存，至少须有适应这一个社会生活的经验和能力。比如他住在北平，他一定要能够讲北平的话，吃北平的饭，知道北平的物价，应用北平的习俗，否则生活上便要感到非常的痛苦，就不容易在北平生存，甚或是不能在北平生存的了"。但同时，张雪门也强调，"社会是流动的，是变迁的……古人生活上许多有价值的经验遗传下来，到了现在不但不能供生活上的帮助，且成为生活的障碍，而使生活日陷于痛苦"。他举例说，比如"顺从"原本是宗法社会的一种美德，但现在已是极不重要的东西了，"自动"才是有价值的生活条件。个体的生活是指"在幼稚园的时候儿童个体发展上的生活"，既包括身体的发展，也包括心理的发展。[1]

那么，当代幼儿教育应该在哪些领域促进并引领儿童的发展呢？

---

[1] 张雪门.幼稚园教材研究 幼稚教育新论［M］.北京：商务印书馆，2014：5-7.

首先，综观美、英、德、日、法、芬兰和中国七国对儿童发展领域的划分可以发现，各国之间有高度的相似性。其中，语言发展和身体健康是最具共同性的，是七国均强调的重点；社会情绪的发展也是大家普遍重视的，除法国外，其他六国均将其列为一个独立的发展领域；在认知发展方面，有的国家将其分为科学和艺术两个方面，而有的国家则强调幼儿与外部环境及人类经验的整体互动。至于学习品质和思维能力的发展，有的国家强调这是一个重要的独立领域，而有的国家则将其作为基本原则，贯穿儿童所有领域的发展。对不同发展领域的内涵，各国均有自己详细的界定和解读（具体见表4-1及附录）。

表4-1　七国幼儿学习与发展领域对比

国家	学习与发展领域					
美国	社交与情绪发展	语言与读写	感知、运动与身体发展	学习品质	认知	
英国	个性、社会性与情感的发展	交流、语言和读写	身体发展	解决问题、推理和数字	对世界的知识和理解	创造性发展
德国	情感发展和社会学习	语言和说话	身体、运动、健康	认知能力发展和促进学习的乐趣	人类生存的基本经验	
日本	人际关系	语言、表达	健康	结构化思维的实现手段	环境	
法国		语言的培养	借助体育活动获得行动、表达和理解力		发现世界	通过艺术活动培养行动、表达和理解力
芬兰	我和我所在的群体	丰富的语言世界，多种表达方式	我的成长、运动和发展		探索我所处的环境并与之互动	
中国	社会	语言	健康		科学	艺术

综合各国精髓，同时结合国际幼儿园自身的特色，我们选择以下六大领域作为C⁺课程的主要领域。

1. 安全与健康

安全与健康是人类幸福生活的基础，也是儿童全面发展的前提。安全是指儿童在生活中免受极端天气、物理和人为伤害；健康是指人在身体、心理和社会适应方面良好的状态。安全与健康密不可分，具有内在统一性。发育良好的身体、愉快的情绪、强健的体质、协调的动作、良好的生活习惯和基本生活能力是儿童身心健康的重要标志。3—6岁是儿童身心发展极为迅速的时期，也是形成安全感、认同感、乐观人生态度的关键阶段。面对环境污染、食品安全、交通事故等问题的现实挑战，国际幼儿园将保护儿童的生命安全和促进儿童的健康发展放在首位，配备科学的营养膳食，开展多种多样的体育锻炼活动，提高其自我保护能力。本领域的具体课程内容如下。

（1）建立良好的师生关系、同伴关系，让儿童在集体生活中感到温暖，心情愉快，形成安全感、被接纳感、信赖感，同时帮助儿童学会关爱他人，形成积极正向的行为方式。

（2）与家长配合，根据儿童的需要建立科学的生活常规。培养儿童良好的饮食、睡眠、盥洗、排泄等生活习惯和生活自理能力。

（3）教育儿童爱清洁、讲卫生，注意保持个人和生活场所的整洁和卫生。

（4）密切结合儿童的生活进行安全、营养和保健教育，提高儿童的自我保护意识和能力。

（5）开展丰富多彩的户外游戏和体育活动，培养儿童参加体育活动的兴趣和习惯，增强体质，提高对环境的适应能力。

（6）用儿童感兴趣的方式帮助其发展基本动作，提高动作的协调性、灵活性。

（7）在体育活动中，注重运动安全，同时培养儿童坚强、勇敢、不怕困难的意志品质和主动、乐观、合作的态度。

2. 多元化语言

语言是交流和思维的工具，3—6岁是儿童口语发展和前阅读、前书写能力萌发的重要时期。口头语言的发展有助于儿童在各个学习领域的进步，如进行初步的概括分析，和他人进行沟通交流，获取多方面的信息等。前阅读是儿童凭借变化着的色彩、图像、文字或成人形象的读、讲来理解读物的过程，可以培养儿童的学习兴趣和行为，使其获得对自然界和社会的了解。前书写是一种非正式的书写活动，是儿童通过图画、图形、文字及符号表达信息、交流感情的学习活动。国际幼儿园以中文母语课程为主，鼓励儿童口语、前阅读、前书写能力的发展，同时也学习多种语言的课程，以开阔儿童眼界，丰富儿童对世界多样性的认知。本领域的具体课程内容如下。

（1）创造一个自由、宽松的语言交往环境，支持、鼓励、吸引儿童与教师、同伴或其他人交谈，体验语言交流的乐趣，学习使用适当的、礼貌的语言交往。

（2）养成儿童注意倾听的习惯，发展语言理解能力。

（3）鼓励儿童大胆、清楚地表达自己的想法和感受，尝试说明、描述简单的事物或过程，发展语言表达能力和思维能力。

（4）引导儿童接触优秀的儿童文学作品，使之感受语言的丰富和优美，并通过多种活动帮助儿童加深对作品的体验和理解。

（5）培养儿童对生活中常见的简单标记和文字符号的兴趣。

（6）利用图书、绘画和其他多种方式，引发儿童对书籍、阅读和书写的兴趣，培养前阅读和前书写技能。

（7）以普通话学习为主，提供普通话的语言环境，帮助儿童熟悉、听懂并学说普通话。同时，结合儿童兴趣和需要，在生活中实施适宜的多种语言的教育。

3. 异己共生

所谓"异己"，并非指"要铲除的对象"，而是指全球化时代共同生活在地球村的"异质性他者"，它既包括生活在"异文化"国度的人，又包括那些将不可理解的文化现象和无法接受的价值观带入原国民（原住民）的生活圈，并谋求与之共生的"跨境移民"。在全球化时代，"异质性他者"间的共存成为常态，因文化差异和价值对立而产生的"冲突"无法避免，但世界的连带性和人类的相互依赖性又要求"异质性他者"必须在同一时空共生。因此，"异己共生"强调的是在承认他文化的不可理解性和国家间利益冲突的前提下，探索与"冲突的他者"（conflict others）沟通合作的途径与方法。[1]

"异己共生"是生活在全球化时代的未来儿童必须具备的基本能力，具体包括自我性格、自我意识、情绪情感、人际交往以及自我调控等方面。儿童在与同伴、教师的接触过程中，发展了个人作为独立主体生活、感知和表达情感的能力，同时，在相互交往中逐步掌握社会规范，学会正确处理人际关系和适应社会生活。具有同理心（站在他人的角度来思考问题）是社会交往的基础，特别是在国际交往如此

---

[1] 姜英敏.从"和而不同"到"'异己'间共生"——全球化时代国际理解教育模式的新探索[J].比较教育研究，2015, 37(12): 30-34.

频繁的今天,让儿童多层面地接触不同国家、民族和文化,对儿童建立自我认同感和民族文化身份认同至关重要。本领域的具体课程内容如下。

(1)引导儿童参加各种集体活动,体验与教师、同伴等共同生活的乐趣;帮助儿童正确认识自己和他人,养成对他人、社会亲近、合作的态度,学习初步的人际交往技能。

(2)为每个儿童提供表现自己长处和获得成功的机会,增强其自尊心和自信心。[1]

(3)在共同的生活和活动中,以多种方式引导儿童认识、体验并理解社会行为规则和他人情感,学习适宜地表达自我情感,解决矛盾冲突。

(4)与家庭、社区合作,引导儿童了解自己的亲人以及与自己生活有关的各行各业,培养其对劳动者的热爱和对劳动成果的尊重。

(5)充分利用社会资源,引导儿童实际感受祖国文化的丰富与优秀,感受家乡的变化和发展,激发儿童爱家乡、爱祖国的情感。

(6)适当向儿童介绍我国各民族和世界其他国家、民族的文化,使其感知人类文化的多样性和差异性,培养理解、尊重、平等的态度。

4. 丰富的艺术体验

艺术是重要的情感表达方式。艺术的表达方式是丰富多彩的,

---

[1] 自尊心和自信心是两个不同层次的概念。自信心多指个人对自己完成或者胜任一项任务的信心,处理的是人和事之间的关系;自尊心多指个人在和他人相处的过程中,尊重自己,不向他人卑躬屈节,也不容许别人歧视侮辱,处理的是人和人之间的关系。二者相互联系,相互影响。自信心是自尊心的基础,自尊心是自信心的升华。自尊心可以增强自信心,同时当自信心受到打击时,自尊心也会受到伤害。

主要包括音乐、舞蹈、绘画、手工、搭建、拼图等。通过接触这些方式，儿童可获得构建自然和社会景象，表达相关情感的机会，从而激发起无限的想象力和创造力。音乐活动可以帮助儿童发展对音乐的理解能力以及对声音持续时间、音量、音色和强度的感知体验能力。舞蹈、戏剧表演活动可以帮助儿童发展形象化思维，培养观察和解读图像的能力，为儿童提供身体体验、表达和交流的机会。泥塑、搭建、手工等活动可以帮助儿童了解关于结构、材料和技术的知识，学习设计，并思考如何创造性地解决问题。本领域的具体课程内容如下。

（1）引导儿童接触周围环境和生活中美好的人、事、物，丰富他们的感性经验和审美情趣，激发他们表现美、创造美的情趣。

（2）在艺术活动中面向全体儿童，要针对儿童的不同特点和需要，让每个儿童都得到美的熏陶。对有艺术天赋的儿童，要注意挖掘他们的艺术潜能。

（3）提供自由表现的机会，鼓励儿童用不同艺术形式大胆地表达自己的情感、理解和想象，尊重每个儿童的想法和创造，肯定和接纳他们独特的审美感受和表现方式，分享他们创造的快乐。

（4）在支持、鼓励儿童积极参加各种艺术活动并大胆表现的同时，帮助他们提高表现的技能和能力。

（5）指导儿童利用身边的物品或废旧材料制作玩具、手工艺品等来美化自己的生活环境，或开展其他活动。

（6）为儿童创设展示自己作品的条件，引导儿童相互交流、相互欣赏、共同提高。

5. 探索世界

在早期教育中，应鼓励儿童观察、分析、理解周围的事物和现象，在自然环境和建成环境中进行探索和行动。这有利于儿童理解因果关系，提高思考、学习和动手操作的能力，获得对自然科学的基本理解。儿童在探索过程中也能逐渐发现、体验到数学的有用和有趣。研究表明，儿童首先获得的是预备性数学知识和能力。国际幼儿园为儿童提供分类、比较、测量、计数、标记空间的机会，发展他们的数学思维，并帮助他们用数学知识解决生活中的实际问题。本领域的具体课程内容如下。

（1）引导儿童对身边常见事物和现象的特点、变化规律产生兴趣和探究的欲望。

（2）为儿童的探究活动创造宽松的环境，让每个儿童都有机会参与尝试，支持、鼓励他们大胆提出问题，发表不同意见，学会尊重别人的观点和经验。

（3）提供丰富的可操作的材料，创造更多的动手机会，为每个儿童都能运用多种感官、多种方式进行探索提供条件。

（4）通过引导儿童积极参加小组讨论、探索等方式，培养儿童合作学习的意识和能力，鼓励儿童用多种方式表现、交流、分享探索的过程和结果。

（5）引导儿童对周围环境中的数、量、形、时间和空间等现象产生兴趣，建构初步的数概念，并学习用简单的数学方法解决生活和游戏中某些简单的问题。

（6）从生活或媒体中儿童熟悉的科技成果入手，培养儿童对科学的兴趣，培养儿童的科学思维，帮助儿童理解科学与生活的密切关系，用科学解决生活中的问题。

（7）在儿童生活经验的基础上，帮助儿童了解自然、环境与人类生活的关系。从身边的小事入手，培养儿童初步的环保意识和行为。

6. 未来学习品质

学习品质是儿童以多种方式进行学习的倾向、态度、习惯和风格，可大体划分为学习态度、学习习惯和行为两大类。其中，学习态度是学习的动力系统，包括好奇心、兴趣、积极主动性和责任心；学习习惯和行为是学习的保障和实施系统，包括专注和坚持、计划、控制自己的行为、推理、反思和改进等。良好的学习品质能够驱动儿童积极学习，进而影响他们自身各个方面的发展。本领域的具体课程内容如下。

（1）成人通过自身的学习兴趣和进取精神，积极地影响儿童的学习。

（2）珍视儿童的好奇心和求知欲，认真倾听他们的意见并作出积极的反馈，允许他们在安全的前提下"犯错误"，保持耐心和宽容。

（3）多提开放性问题，鼓励儿童想象和创造，大胆提出自己的假设，并通过实验操作去验证假设，解释结果。

（4）引导儿童自主做计划和坚持做事，遇到困难要想办法解决而不是马上放弃。如果努力之后仍然不能成功，要允许他们在反思的基础上放弃或尝试别的方法。

（5）提供丰富的机会让儿童走进大自然、大社会，接触真实的世界，激发探究欲望，发展观察和动手操作能力。

（6）在日常生活中培养儿童的注意力、坚持性以及任务意识，增强行为自控能力。

（二）儿童成长的进阶课程

儿童发展的主要领域并不能直接转化为国际幼儿园的课程。如果只是简单的一一对应，就难免将领域教学割裂开来，违背了儿童整体性的发展原则，也违背了儿童的认知规律。我们倡导各领域的教育融会贯通，正如陈鹤琴先生所言："'整个教学法'就是把儿童所应该学的东西整个地、有系统地去教儿童学。这种教学法是把各科功课打成一片，所学的功课是无规定时间学的；所用的教材是以故事或社会或自然为中心的，或是做出发点的；但是所有的故事或关于社会自然的材料，总以儿童的生活、儿童的心理为根据的。"[1] 张雪门也强调："教材的种类为研究上便利起见，所以有上述手工、美术等分别。但生活是整个的东西；教材的变换流转都随着生活，当然不是孤绝地能够分割，更不是专待外面装到儿童的肚子里去的货品。儿童先有了生活，然后有教材的需要；不是有了教材，再去引起儿童生活作机械的反应。教师在这点上，似乎除静待儿童生活的自由发展外，更没有什么教材可以准备。"[2]

因此，我们需要沿着儿童生活的轨迹，将儿童发展所需的六大领域贯通起来，让儿童在幼儿园的日常生活中潜移默化地获得以上六个领域的发展。中国向来有"修身、齐家、治国、平天下"的文化传统，强调由内而外，实现个体与外部世界的平衡。这恰恰也符合儿童的思维特征和认知方式。基于此，我们以儿童的生活半径为依据，根据儿童日常生活经验中的吃、穿、住、用、行，搭建了以下六大进阶课程的内容框架：我和自己、我和家庭、我和幼儿园、我和家乡、我和祖国、我和世界。

1. 进阶课程一："我和自己"

正确认识自我，对儿童的行为有着重要的调节作用。自我意识的

---

[1] 陈鹤琴.幼稚教育[M].南京：南京师范大学出版社，2012: 85.
[2] 张雪门.幼稚园教材研究 幼稚教育新论[M].北京：商务印书馆，2014: 21.

发展有助于儿童正确处理自己与环境、与他人的关系，这也是儿童个性和社会性发展形成的必要条件。在"我和自己"的课程中，我们融合六大领域，从认识自我、管理自我、展现自我等方面开展教学活动，为儿童良好人格的建立打下基础。另外，针对儿童的年龄特点，本课程着重于"安全与健康""探索世界"这两个领域，通过认识自己的身体、保护自己的身体，让儿童能进一步了解人体每一个部分的作用及关系，也让儿童知道自己是与众不同的，以达到自爱自信的目的。

"我和自己"课程中，各领域的建议目标见表4-2。

课程建议：

（1）为幼儿创造温暖、轻松的环境，让幼儿通过了解自己的身体、心理以及情绪等，进一步提升自我认知，促进幼儿身心的健康发展。如：

① 通过各类体育运动提升幼儿的身体素质。运动内容要根据幼儿的年龄特点有目的地进行选择，并将运动与游戏相结合，让幼儿在游戏中达到提升身体素质的目的，逐步提升幼儿身体的灵活性和协调性。

② 结合幼儿的一日生活，使其掌握一定的生活技能，如刷牙、喝水、进餐、如厕、穿衣等，从而使幼儿养成良好的生活自理能力和良好的卫生习惯。

③ 在开展活动前，要向幼儿讲解相应的注意事项，帮助幼儿掌握安全知识和自我保护的能力。

（2）为幼儿创造丰富的语言环境，逐渐发展其听、说、读、写的语言能力。如：

① 为幼儿提供表达的机会。在幼儿讲述与表达的过程中，成人要认真倾听，并引导他们尽量做到语句流畅、完整。在幼儿使用一些形容词的时候，成人要给予鼓励，逐渐丰富幼儿的语言世界。

四、儿童成长需要什么

表 4-2 "我和自己"课程各领域各级建议目标

进阶课程	领域	小班建议目标	中班建议目标	大班建议目标
我和自己	安全与健康	1. 身体具有一定的灵活性和协调性。 2. 能进行几种简单的运动，如走、跑、跳。 3. 知道自己情绪的变化。 4. 初步建立良好的生活和卫生习惯。 5. 具有基本的爱护和保护自己。 6. 知道要爱护和保护自己。	1. 提高身体的灵活性和协调性。 2. 能根据不同器械选择适合的运动方法进行体育运动。 3. 知道自己情绪变化的原因。 4. 养成良好的生活和卫生习惯。 5. 提高生活自理能力，有一定的自我服务意识。 6. 有一定的安全意识，掌握保护自己的方法。	1. 能灵活支配自己的身体，提高身体的力量、耐力及协调性。 2. 能自己探索身体的运动方式，并进行尝试。 3. 能意识到自己的负面情绪，并能进行调节，有良好的积极情绪。 4. 知道良好的生活习惯和卫生习惯对自己成长的影响。 5. 形成较好的生活自理能力，有较强的自我服务意识。 6. 具备基本的安全知识和自我保护能力。
	多元化语言	1. 能口齿清楚地讲话。 2. 能说出自己的基本需求。 3. 能表达自己的简单想法。 4. 喜欢看图书，听故事。 5. 喜欢用符号表达自己的想法。	1. 能听清楚与自己有关的信息。 2. 能大胆说出自己的需要和想法。 3. 能较完整地叙述自己的所见所闻。 4. 喜欢看图书，并能简单复述故事。 5. 能用符号和图画表达自己的想法。 6. 养成良好的握笔习惯与书写姿势。	1. 有良好的倾听能力。 2. 能在他人面前自信地说出自己的观点。 3. 能清晰、连贯、生动、完整地叙述事情，并能使用丰富的词语。 4. 能专注地看图书，喜欢讲述并自己编创故事。 5. 能用符号和图画表现较复杂的事件。 6. 能正确写出自己的名字。 7. 养成良好的书写习惯。
	异己共生	1. 喜欢自己。 2. 在成人的帮助下，愿意接近周围熟悉的人。 3. 在成人的帮助下逐渐学会控制自己的情绪。	1. 爱自己。 2. 用自己的方式主动、愉悦地接近周围熟悉的人。 3. 初步学会控制自己的情绪并建立良好的情绪。	1. 了解自己的内在特征，如：兴趣、爱好等。 2. 知道良好的行为习惯对他人的影响。 3. 有一定的自尊心。

（续表）

进阶课程	领域	建议目标		
		小班	中班	大班
我和自己	丰富的艺术体验	1. 喜欢丰富多彩的艺术活动。 2. 能哼唱简单的音乐作品。 3. 愿意进行涂画、粘贴等美术活动。	1. 能主动参与各种各样的艺术活动。 2. 能通过音乐或表演的方式表达自己的心情。 3. 能运用多种美术形式表达自己的观察与想象。	1. 能积极参与艺术活动，并有自己喜欢的艺术形式。 2. 能用多种表演形式表达自己的感受和情绪。 3. 能运用多种形式材料进行艺术创作，表现自己的想象。 4. 有一定的艺术创造力。
	探索世界	1. 了解身体主要部分的外部特征及名称。 2. 能用多种感官或动作去探索自己喜欢的事物。	1. 认识身体主要部分的作用及对自己生活的影响。 2. 探索自己身体的运动机能。 3. 运用测量身体的比较的方法，体验自己在长大。	1. 了解自己身体内部主要器官的名称及作用。 2. 运用测量及比较身体在长大的方法，体验自己在长大。 3. 了解保护身体各个部位的方法，并能够进行自我保护。
	未来学习品质	1. 初步建立良好的学习和行为习惯。 2. 为自己的好行为感到高兴。 3. 愿意做自己能做的事情。 4. 对探索自己充满好奇。	1. 形成良好的学习和行为习惯，有一定的控制能力。 2. 为自己的进步而高兴。 3. 能简单地评价自己的优点与不足，并能分析其原因。	1. 能够规划自己的事情。 2. 为自己的成长而自豪。 3. 有良好的学习和行为习惯，有一定的自我约束力。 4. 能较客观地评价自己。

② 为幼儿提供温馨、舒适的阅读环境，让幼儿养成良好的阅读习惯。成人可以在幼儿生活区域中的各个角落放置一些图书，便于幼儿随时取阅，逐渐爱上阅读。

③ 为幼儿提供相应的空间和机会，逐步让幼儿进行前书写准备。在幼儿的生活环境中，成人可以注意引导幼儿认识图示和标识，也可以根据幼儿的年龄，逐渐培养其识字的兴趣，引导大班幼儿写出自己的姓名。

④ 在幼儿进行书写和绘画的过程中，成人要注意观察他们的书写姿势，对于不正确的书写方式要及时纠正，让幼儿逐渐形成正确的书写习惯。

（3）使幼儿能够知道自己的喜好，并在参与相应的活动时，形成一定的责任感和自信心。如：

① 为幼儿提供自我服务与管理的空间，可以让幼儿自己收整自己的物品，自己准备自己需要的材料，逐渐养成自我服务意识，提高责任感与自信心。

② 成人要为幼儿作出榜样，用恰当的方式表达情绪，引导幼儿学习管理自己的情绪。随着年龄的增长，幼儿应逐渐能够控制自己的负面情绪，不大喊大叫，无理取闹。当幼儿发脾气时，应允许幼儿表达自己的情绪，但当其情绪平静以后，要告诉他哪些行为别人是可以接受的，使其逐步形成正确的情绪管理能力。

③ 鼓励幼儿饲养一些动植物，通过照顾动植物，增强幼儿的责任感。

（4）为幼儿创造彼此尊重的环境，帮助幼儿形成一定的自尊心。

① 通过阅读活动，为幼儿树立自尊自爱的榜样。

② 幼儿与他人相处的过程中有正面的行为表现时，成人要及时

鼓励。

（5）为幼儿营造丰富的艺术环境，让其感知艺术之美。如：

① 为幼儿提供丰富的美术材料，让他们通过各种材料进行美术创作活动，自由探索，提高幼儿对美术的喜爱。

② 为幼儿提供不同风格和特点的音乐作品，引导幼儿通过肢体动作、歌唱、乐器等表现音乐，提高幼儿对音乐艺术的喜爱。

③ 在幼儿对事物产生兴趣或想法的时候，鼓励幼儿用绘画、音乐、表演等不同的艺术形式进行表达，引导幼儿进行创造活动。

（6）使幼儿能够发现身体的变化，并能够爱护自己的身体，感受探索自己身体奥秘的乐趣。如：

① 幼儿在对自己身体产生兴趣的时候，成人要及时关注，并与他们一起进行相应的探索活动。例如，当幼儿对牙齿感兴趣时，成人可以与幼儿一起寻找相应的绘本，通过绘本了解牙齿的相关知识，进一步激发幼儿的兴趣之后，还可以与幼儿进行关于牙齿的探索活动，让幼儿对于牙齿的知识有更加深入的了解。

② 在探索自己身体的过程中，引导幼儿发现自己身体的功能及作用，并引出保护身体的相关知识，从而帮助幼儿掌握保护身体的方法。

③ 幼儿在成长的过程中，身体会产生变化，成人可以引导幼儿用多种方式发现自己的成长。例如，小时候与现在照片的比较，从小到大的服装鞋帽的比较与测量等。

（7）帮助幼儿建立良好的生活以及学习习惯。如：

① 成人可以与幼儿一起讨论、规划自己要做的事情，并分析其利弊，从而发展幼儿的规划与分析能力，帮助幼儿逐渐养成良好的习惯。

② 对于幼儿的行为，成人要给予正确的鼓励与引导，逐步让幼儿形成正确的自我认知，并能够客观地评价自我。

2. 进阶课程二："我和家庭"

家庭是社会的基本细胞，是儿童熟悉并感到安全的场所，而关于家庭的活动内容也是丰富多彩的，一切和家庭有关联的事物都可以作为教育资源进行开发，引出各种有趣的教育活动。虽然每个儿童的家庭背景不同，儿童个体之间也会存在较为明显的差异，但"家和万事兴"一直是我们中华民族的传统美德，"家和"体现在尊老爱幼、夫妻和睦、兄友弟恭、勤俭持家、邻里团结等方面。为此，在"我和家庭"课程中，我们更加注重儿童和家庭的和谐关系，注重美德的体现。我们通过六个领域，从认识家庭成员、了解家庭生活、热爱家庭三方面来开展活动。其中，"异己共生"这一领域较为突出。儿童通过认识自己是家庭中的一员开始，逐渐深入到喜欢家庭，喜欢参与家庭活动，喜欢自己的家人等方面，从而理解家人之间的亲密与关爱，并可由此扩展，萌发亲近、关爱周围人的情感，达到"和"的目的。

"我和家庭"课程中，各领域的建议目标见表4-3。

课程建议：

（1）在家庭生活中，成人要引导幼儿建立正确的家庭观念，鼓励幼儿学习并掌握一些生活技能。如：

① 成人要帮助引导幼儿逐渐形成良好的作息习惯，如每天早睡早起、按时进餐等。

② 鼓励幼儿积极参与家庭活动，通过参与活动，逐渐掌握一些生活技能，如打扫，整理，制作食品等。

③ 成人要让幼儿感知时间的重要性，并有一定的时间观念，如

表4-3 "我和家庭"课程各领域各级建议目标

进阶课程	领域	小班	中班	大班
我和家庭	安全与健康	1. 在家庭中建立良好的生活习惯。 2. 能够学习简单的家庭生活技能。 3. 初步形成良好的作息规律。	1. 在家庭中养成良好的生活习惯，并能够遵守。 2. 能够掌握一部分家庭中的生活技能。 3. 初步建立时间观念，遵守作息时间。	1. 知道良好生活习惯的重要性，并自觉遵守。 2. 积极参与家庭活动，掌握一定的生活技能。 3. 有时间观念，主动遵守作息时间。
	多元化语言	1. 能听懂日常对话。 2. 对家人的交流做出回应。 3. 学习对家人使用礼貌用语。 4. 能用语言对家人表达自己的情绪情感。 5. 喜欢亲子阅读。	1. 能够主动与家人进行沟通、交流。 2. 在家长有问题时能够向家人提出问题。 3. 对家人使用礼貌用语。 4. 能够向家人表达自己的情绪情感。 5. 喜欢给家人讲故事。	1. 能够根据语气、语调了解家人表述的意思。 2. 能够连贯、清晰、完整地与家人沟通交流。 3. 能根据不同情境对家人使用恰当的礼貌用语。 4. 愿意与家人讨论问题，敢于表达自己的想法及情感。 5. 能与家人一起分享自己喜欢的图书并进行简单鉴赏。
	自己共生	1. 知道自己是家庭中的一员。 2. 知道家庭成员的名称并知道自己与家庭成员之间的关系。 3. 能参与简单的家庭活动。 4. 在成人的帮助下能遵守家庭的规则。 5. 喜欢自己的家庭，爱自己的家人。	1. 能发现家人的情绪变化，并有关心的表现。 2. 知道父母的职业，体会父母的辛劳。 3. 感受家庭给予自己的爱与关心，并尝试表达爱。 4. 积极参与家庭活动，尝试承担一些家庭任务。	1. 能够关注家人的情绪和需要，并给予家人一定的帮助。 2. 了解父母、长辈的辛劳，懂得感恩。 3. 尊重自己的家人，并能够用自己的方式表达爱。 4. 参与家庭活动，主动承担自己所能及的家庭任务。

（续表）

进阶课程	领域	小班	建议目标 中班	大班
我和家庭	异己共生	家人。	5. 在家庭中有节约意识。 6. 能够遵守家庭的规则。	5. 尝试制订家庭生活计划，并初步实施计划。 6. 在家庭中建立良好的节约意识并养成习惯。 7. 自觉遵守家庭中约定的规则，并能提醒家人共同遵守。
	丰富的艺术体验	1. 能用简单的艺术形式表达自己对家人的爱。 2. 喜欢在家人面前唱唱、跳跳。	1. 与家人一起看演出时比较专心，并有模仿演出的愿望。 2. 能够用多种艺术形式表达自己对家人的情感。	1. 积极参与亲子艺术活动。 2. 能够运用家庭中的多种材料进行艺术创作活动。 3. 能用自己制作的艺术作品美化家庭环境。
	探索世界	1. 喜欢探索家庭中的事物。 2. 能在家庭生活中发现科学现象和数学知识。	1. 能在家庭生活中发现科学现象和数学知识，并有一定的探究兴趣。 2. 能够运用多种方法记录家庭生活中的现象。	1. 能发现家庭生活中出现的问题，尝试用科学知识找到解决办法。 2. 能够用一定的方法验证自己的推测，并用自己的方式进行记录。
	未来学习品质	1. 对于家庭事务充满好奇心。 2. 有整理和保管家庭物品的意识。	1. 对于感兴趣的家庭事务能够保持持续的好奇。 2. 能自主整理和保管家庭物品。 3. 能够专注，认真地完成家务，有一定的能力。	1. 对家庭中的一切事务充满好奇心，经常动手动脑寻找答案。 2. 自觉整理家庭物品，对家庭中的物品有一定的责任心。 3. 能够总结家庭生活的经验，具有举一反三的能力。 4. 在完成家务的过程中有一定的规划能力。

做事情不磨蹭，不拖拉。

（2）鼓励幼儿多与家人进行沟通，能够正确地表达自己的观点，成人要为幼儿做表率，让幼儿懂得尊重长辈，并能正确地使用礼貌用语。如：

① 成人要认真倾听幼儿的倾诉与表达，并能及时地给予评价，让幼儿感受到沟通的重要性。

② 成人在对待长辈及待人接物时，要尊重别人，并结合情境使用礼貌用语。

③ 成人在与儿童交流时，语言应简单，明确，用幼儿能够听得懂的语言进行表达。

④ 当幼儿表达意见时，成人可蹲下来，眼睛与幼儿平视，让幼儿感受到平等与尊重。

（3）让幼儿知道自己在家庭中的重要性，并能够为家庭做一些力所能及的事情。如：

① 家人之间的关系要和谐，让幼儿感受到家庭生活的温暖与安全。

② 成人要让幼儿感受到家庭成员之间的关爱，逐步引导幼儿学会关心家人。

③ 鼓励幼儿参与家庭劳动，逐渐帮助家人承担一些家务。

④ 在家庭生活中，成人要有节约意识，并鼓励幼儿节约用水、用电，不浪费粮食等，帮助幼儿逐渐形成节约的意识。

（4）成人要多带幼儿参与艺术活动，鼓励幼儿进行大胆的模仿与创编，并及时给予赞赏。如：

① 当幼儿在家长面前唱唱跳跳时，成人要给予关注，并及时地进行鼓励。

② 成人要多带幼儿观看艺术活动，让幼儿感受到不同的艺术形式，并鼓励幼儿对观赏到的艺术形式进行模仿和创编。

③ 成人可与幼儿一起动手制作艺术作品，并尝试布置家庭环境。

（5）引导幼儿观察家庭生活中的事物，发现其中的兴趣点并进行相应的探究活动。如：

① 成人对于幼儿感兴趣的事情要给予鼓励，并适当地进行支持，保护幼儿的好奇心。

② 为幼儿创造探索的空间，可以与幼儿共同探究同一事物。

③ 成人可以与幼儿共同饲养、照顾动植物，并引导幼儿进行长期观察与记录，初步形成观察、记录与反思的意识。

（6）成人要为幼儿创造动手操作的空间，保持幼儿在家庭事务上的好奇心。如：

① 对于幼儿的好奇心，成人要保护和鼓励，也多问幼儿"为什么"，让幼儿对感兴趣的事物持续好奇。

② 鼓励幼儿用多种方式解决问题，让幼儿的思维更加开阔。

3. 进阶课程三："我和幼儿园"

幼儿园是儿童离开父母后进入的一个新环境，不仅是儿童学习的场所，也是一个给儿童打下良好生活基础的家园，更是儿童学习处世之道的第一个社会。在这里学习与感悟到的技能将伴随儿童的一生。为此，"我和幼儿园"课程中涉及认识幼儿园、人际交往、自我适应三个方面，并多元性地融入六大领域的内容，通过各种活动引导幼儿感受幼儿园的人、事、物，并熟悉幼儿园环境。其中"异己共生"和"未来学习品质"这两个领域较为突出。儿童社会性发展水平往往决定着他们将来能否积极地适应各种社会环境。对于儿童来讲，他们的处世美德就是公共美德，包括勇敢善良、勤劳节俭、助人为乐、公正诚信、礼貌谦让、尊师重教等。能否协调好与他人、集体的关系，能否乐观地对待人生，能否形成良好的学习态度、行为习惯等，对于儿童的发展十分重要。本课程旨在培养儿童的学习兴趣，促进其自主性学习，为其发展终身学习的能力打下良好的基础。

"我和幼儿园"课程中，各领域的建议目标见表4-4。

课程建议：

（1）为幼儿创造温馨、舒适、安全的幼儿园生活环境，逐步形成良好的幼儿园常规。

① 在班级环境中创设生活技能小提示。

② 和幼儿共同讨论班级常规，如班级公约（行为规范）、区域规则等。

③ 引导幼儿爱护幼儿园公共环境，养成按时来园和离园的好习惯。

（2）通过幼儿园丰富的体育活动，让幼儿的基本身体机能得到发展，加强安全意识，并学会合作游戏。如：

① 开展游戏化的体能活动，例如，走平衡木、接力跑、跳房子、钻圈、砍包、爬攀登架、传球等。

② 在拍球、跳绳等技能性活动中，要遵循幼儿的兴趣与能力，并循序渐进。

③ 在集体性的体育活动中，引导幼儿不给他人造成危险（如推、拉、拽等），并能在游戏中做到团结合作。

（3）鼓励幼儿在群体中表达自己的想法，同时懂得倾听别人的意见及建议。培养幼儿阅读幼儿园内图书的兴趣，并尝试进行记录。如：

① 成人要尊重幼儿的意见及想法，在集体中给幼儿创造充分表

四、儿童成长需要什么

表4-4 "我和幼儿园"课程各领域各级建议目标

进阶课程	领域	小班	中班	大班
我和幼儿园	安全与健康	1. 初步建立有规律的幼儿园作息习惯。 2. 能参与幼儿园的体育活动，如走、跑、跳、钻、爬、攀登、投掷等。 3. 在他人的提醒下，能注意安全、不做危险的事。	1. 逐渐养成良好的幼儿园作息习惯。 2. 能积极地参与幼儿园的体育活动，提升运动机能。 3. 运动时能主动躲避危险。	1. 形成良好的幼儿园作息习惯。 2. 能灵活运用体育技能参与幼儿园体育活动，并积极主动参与幼儿园体育活动。 3. 具备基本的安全知识和自我保护能力，并不给他人造成危险。
	多元化语言	1. 能听清老师和同伴的问题，并简单回答。 2. 能向老师及同伴简单表达自己的要求和想法。 3. 在活动中喜欢学习简单的儿歌童谣，复述简单的故事。 4. 能识别幼儿园中的图像符号。	1. 在群体中能有意识地听与自己相关的信息。 2. 会用礼貌的方式向老师及同伴表达自己的要求和想法。 3. 在活动中喜欢学习儿童文学作品并表达自己的想法。 4. 能识别幼儿园中的文字符号。	1. 在群体中养成良好的倾听习惯。 2. 愿意与老师和同伴分享自己的事情；能向老师和同伴请教问题或求助。 3. 能接受老师或同伴的意见，不能及时能清晰地说明理由。 4. 在活动中能鉴赏儿童文学作品并能进行创编。 5. 在幼儿园中能运用简单的文字符号表达自己的所思所想。
	异己共生	1. 对体育活动有兴趣，喜欢上幼儿园。 2. 知道自己幼儿园和班级的名称、班级所有成员的名字，熟悉班级环境。 3. 在老师的引导下能遵守简单。	1. 在参与幼儿园群体活动的过程中情绪愉悦。 2. 熟悉幼儿园的大部分环境，能独立找到自己的班级。 3. 能够理解幼儿园各种活动规则，能顺利地适应活动上的转换。	1. 能感受到幼儿园生活的美好，快乐地参加各项活动。 2. 熟悉幼儿园各个环境，了解班级环境的各个功能。 3. 能根据幼儿园常规与活动规则规划自己的活动，能轻松地适应活动的转换与变化。

(续表)

进阶课程	领域	小班	中班	大班
我和幼儿园	异己共生	……的幼儿园常规与规则，逐渐适应活动的转换。 4. 愿意与同伴一起游戏。 5. 在老师的指导下，能学会分享。 6. 与同伴发生冲突时，能听从老师的劝解。 7. 能关爱老师和同伴。 8. 学会尊敬老师。 9. 为自己良好的行为感到高兴。	4. 喜欢和同伴一起游戏，有经常一起玩耍的伙伴。 5. 能按自己的想法自主进行活动，并能逐渐增加参与幼儿园活动的频率。 6. 会运用介绍自己、交换玩具等简单技巧加入同伴游戏并学会分享。 7. 活动时愿意接受同伴的意见和建议。 8. 与同伴发生冲突时，能在老师的帮助下和平解决。 9. 能注意到老师和同伴的情绪，并表现出关心、体贴他人的态度。 10. 能尊敬老师。 11. 有班级主人翁意识。 12. 为自己良好的行为或活动成果感到骄傲。	4. 有自己的好朋友，喜欢结交新朋友，并能想办法吸引同伴和自己一起游戏。 5. 能主动发起活动或在活动中出主意、想办法。 6. 活动时能与同伴分工合作，遇到困难能一起克服。 7. 与同伴发生冲突时能自己协商解决。 8. 能关注老师、同伴的情绪和需要，并给予力所能及的帮助。 9. 尊重为大家提供服务的人，珍惜他们的劳动成果。 10. 接纳、尊重自己生活方式或习惯不同的同伴。 11. 有班级集体荣誉感。
	丰富的艺术体验	1. 喜欢欣赏幼儿园中美的事物。 2. 喜欢参与幼儿园中多种多样的艺术活动。	1. 在艺术活动中，喜欢欣赏艺术作品，并能关注其特征。 2. 能主动参加幼儿园的艺术活动，并运用多种艺术方式表现自己的所见所想。	1. 在艺术活动中，喜欢欣赏多种多样的艺术形式和作品，并能进行比较。 2. 乐于向老师和同伴介绍自己发现的美的事物。 3. 积极参与艺术活动，用自己比较喜欢的活动形式表达自己的感受和想象。

建议目标

四、儿童成长需要什么

（续表）

进阶课程	领域	建议目标		
		小班	中班	大班
我和幼儿园	探索世界	1. 在教师的指导下，能对环境中感兴趣的事物进行观察。 2. 喜欢用多种方式去观察幼儿园中的自然环境。 3. 能在幼儿园生活中感知简单的数学运用。 4. 喜欢探索幼儿园的学习材料。	1. 喜欢探究幼儿园环境中的事物和现象，发现相同与不同。 2. 能在幼儿园活动中，感知简单的科学现象。 3. 能在幼儿园活动中学习简单的数学知识，感知数学的有用和有趣。 4. 喜欢探索和体验幼儿园的各种材料。	1. 能对关于幼儿园的事物或现象进行观察、比较，并能描述物体或现象的特征与变化。 2. 能在幼儿园活动中，提高科学探究的能力。 3. 能在幼儿园活动中，感知和理解数与量的关系、形状与空间的关系。 4. 能有目的地使用材料进行各种探究活动。 5. 知道学校相对于家庭的地理位置。
	未来学习品质	1. 能短暂地专注做一件事，遇到问题会寻求帮助。 2. 在老师的鼓励下，能简单表达创造性的想法。 3. 喜欢承担一些小任务。	1. 能持续专注地做一件事，遇到问题会寻求协助。 2. 在活动中，能交流创造性的想法和动作。 3. 能主动承担任务。	1. 即使遇到问题也能持久专注地做一件事，并且不轻易求助。 2. 能自我肯定，对自己的成长提出更高的要求。 3. 能富有创造性地完成任务，进行活动和游戏。 4. 积极尝试有一定难度的活动和任务。

59

达的机会。

② 在集体中不打断幼儿的讲话，等幼儿讲述完毕再表达自己的意见，让幼儿懂得不插话、不抢话的道理。

③ 对幼儿提要求和布置任务时要提示幼儿注意倾听。

④ 注意讲话时的情景语言，便于幼儿理解，注意说话时的语气、语调、情绪等。

⑤ 根据幼儿的理解水平逐步使用一些表示因果、假设、条件等关系的句子。

⑥ 鼓励幼儿用图画或符号进行记录，例如，入园时可以开展相应的签到活动。随着幼儿年龄的增长，签到内容可以从图画形式逐渐过渡到签名字的形式。

（4）帮助幼儿懂得如何与同伴进行合作与分享，学会控制情绪，与同伴友好相处，尊重别人，有一定的集体荣誉感。如：

① 经常带领幼儿在幼儿园各个环境中活动，如室内、室外、各个功能教室等，使幼儿适应环境上的转换。

② 引导幼儿与同伴友好相处，尝试解决与同伴间出现的纠纷，学习换位思考。

③ 带领幼儿了解幼儿园里的各个岗位，如园长、教师、保安、保健医、厨师、保洁、维修工等，体会不同岗位提供的便利和服务，懂得尊重他人的劳动。

④ 及时发现幼儿良好的行为表现，并给予表扬与鼓励，提升幼儿的自信心与自豪感。

⑤ 开展班级性的集体活动时，要树立幼儿的集体荣誉感。

（5）要为幼儿在园所和班级中创造丰富的艺术环境，鼓励幼儿用不同的艺术手段表达自己的想法。如：

① 创造充满艺术氛围的活动空间，鼓励幼儿将生活与艺术相结合，引导幼儿观察并进行相应的艺术创作活动。

② 在班级中为幼儿设置可以进行艺术创作的区域，利用多种材料，让幼儿自由创作，进行相应的艺术活动。例如，设置美术区和美劳区，并在该区域内投放丰富的制作与绘画材料；设置音乐区并在其中投放相应的乐器，让幼儿操作游戏。

（6）引导幼儿发现幼儿园生活中的新鲜事物，在保证安全的前提下鼓励其探索研究，并在适当的情况下给予支持。如：

① 鼓励幼儿发现身边感兴趣的事物，并鼓励其探究，例如，户外活动时发现的昆虫、植物，班级活动时使用的材料工具等。在安全的前提下，鼓励幼儿进行探究活动，并在需要时给予一定的支持。

② 让幼儿发现生活中的数学知识，并引导其进行学习，例如，购物、钟表、积木图形等。

（7）帮助幼儿意识到做事要有一定的持久性，培养幼儿的创造性，引导其承担一些小任务。如：

① 引导幼儿做到，在玩玩具和做事情时能够持续一定时间，尝试解决出现的问题，不轻易放弃。

② 可以适当地为幼儿布置一些力所及的小任务，让幼儿形成一定的任务意识。例如，为班级中的植物浇水，当小值日生，为班级小朋友服务等。

③ 保持幼儿的好奇心，鼓励幼儿对自己提出更高的要求并努力实现。例如，鼓励幼儿："你可以再试一试！""你还能再……吗？"

4. 进阶课程四："我和家乡"

家乡是儿童生活的环境之一。家乡有着丰富的自然环境和文化，这些都是无穷无尽的教育资源。从小树立爱家乡的情感也是幼儿园教育的重要内容。为此,"我和家乡"课程中包含了热爱家乡、了解家乡、感受家乡文化等几个方面,并在六大领域中均衡展开,通过让儿童感知和了解家乡的环境、特色、特产、习俗和家乡话等,来丰富儿童对家乡的认识,加深对家乡的了解,更好地激发儿童爱家乡的情感。

"我和家乡"课程中,各领域的建议目标见表4-5。

课程建议:

(1)为幼儿创造游戏空间,让幼儿感受传统游戏的乐趣。如:

① 玩滚铁环、跳皮筋等传统体育游戏。

② 成人要提供幼儿充分的游戏场所与游戏材料。例如,土地、草地、塑胶场地、山坡、水池等不同的活动场地。

(2)帮助幼儿听懂并了解家乡的语言,感受家乡语言文化的精髓。例如,多引导幼儿欣赏家乡传统的歌谣、故事,感受家乡语言的韵律之美。

(3)运用幼儿感兴趣的方式,激发幼儿对家乡的热爱。例如,多组织幼儿参观家乡的风景名胜、著名建筑等,用不同的形式表达其特点。

(4)为幼儿提供欣赏家乡艺术的机会和空间。如:

① 为幼儿提供穿着自己家乡服饰的机会,让幼儿感知家乡服饰之美。

② 播放家乡特色音乐,引导幼儿发现家乡音乐与乐器的特点。

③ 带领幼儿制作家乡特色美食,让幼儿在感知家乡饮食文化的基础上,感受快乐。

(5)引导幼儿发现、了解家乡的变化,感受科技对家乡的影响。

① 找一找家乡道路、交通、建筑的变化。

四、儿童成长需要什么

表4-5 "我和家乡"课程各领域各级建议目标

进阶课程	领域	小班	中班	大班
我和家乡	安全与健康	感知本民族的特色运动。	能参与本民族的特色运动。	对本民族的特色运动有一定了解，并能掌握基本要领。
	多元化语言	1. 能听懂家乡话，并会说家乡话。 2. 能听懂家乡的简单民谣和民间故事。 3. 能说简单的家乡童谣、儿歌。	1. 能用家乡话与人沟通。 2. 能理解简单的民谣和民间故事的含义。 3. 能仿编简单的家乡童谣或儿歌。	1. 能掌握家乡话和普通话，并能灵活切换。 2. 愿意收集家乡的民谣和故事，并进行分享。 3. 能根据家乡的童谣和儿歌进行创编。 4. 能与人交流家乡的所见所闻。
	自己共生	1. 喜欢自己的家乡。 2. 知道自己家乡的名字和最熟悉的地方。 3. 知道家乡标志性建筑的名称。 4. 感受家乡的饮食习俗。 5. 在成人的指导下，能遵守家乡的习俗。 6. 知道简单的公共场所礼仪。	1. 愿意赞美自己的家乡。 2. 了解家乡的标志性景观。 3. 能表达自己对家乡饮食的观点。 4. 感受家乡建设的变化。 5. 能尊重家乡习俗。 6. 能遵守公共场所的礼仪。	1. 爱家乡，喜欢家乡的各种文化和习俗。 2. 简单了解家乡历史。 3. 感受"家乡之最"和其意义。 4. 愿意参加家乡文化展示宣传活动，有传播家乡文化的意识。 5. 愿意为家乡的建设献出自己的力量。 6. 能交流、分享各类社会规则，并能积极遵守。 7. 懂得感恩家乡。 8. 对家乡的各种文化及科技充满自豪。

63

(续表)

进阶课程	领域	建议目标		
		小班	中班	大班
	丰富的艺术体验	1. 感知、发现家乡的美。 2. 尝试体验家乡特有的艺术活动。 3. 喜欢尝试制作家乡美食。	1. 能收集、分享有关家乡的知识，例如，特色景观、服饰等。 2. 尝试多种方式表现家乡之美。 3. 喜欢参与家乡饮食制作。	1. 了解家乡服饰的特点。 2. 学习家乡的艺术，并能自主表现。 3. 积极参与家乡美食的制作，并富有创造力。 4. 能表达自己对家乡艺术的观点。
	探索世界	1. 喜欢亲近家乡的自然环境。 2. 在成人的指导下，能观察家乡的环境，并发现明显特征。	1. 对家乡常见的动植物感兴趣，喜欢照顾动植物。 2. 了解家乡的地理位置。 3. 感受有关家乡科技的信息。	1. 愿意对感兴趣的家乡动植物进行深入探究。 2. 对家乡的科技信息感兴趣，并对未来的家乡充满想象。
	未来学习品质	对家乡的各种文化及科技充满好奇心。	能对家乡的文化与科技作出自己的评价。	能分析、比较家乡与其他地区的相同与不同。

② 找一找家乡有代表性的农业、工业等。

（6）引导幼儿将家乡文化与其他文化进行对比，发现并总结自己家乡与其他地方的异同。

5. 进阶课程五："我和祖国"

文化自信对一个国家的发展具有至关重要的意义。教育是建立文化自信的根基，教育决定了国家未来的发展。在学前阶段，应引导儿童充分了解祖国及其成就，让儿童对祖国文化产生自信，使儿童对自己的祖国有初步的归属感。"我和祖国"课程从我是中国人、中国文化、科技、历史等几方面深入，让儿童了解自己与祖国的关系。其中，"探索世界"领域中的内容更为突出。儿童通过探索，学习与祖国有关的科学知识，感受到祖国存在与发展，从而建立热爱祖国的自豪感。

"我和祖国"课程中，各领域的建议目标见表4-6。

课程建议：

（1）为幼儿提供多种多样的中国传统体育项目，帮助幼儿养成良好的运动习惯，增强体质。如：

① 可以在幼儿集体操中加入中国武术的元素，让幼儿感知中国传统运动项目的精华。

② 让幼儿在进行中国传统游戏的同时尝试创编活动，让幼儿爱上传统体育运动。

（2）引导幼儿感知中国语言文化的博大精深。如：阅读一些中国传统优秀故事，了解中国文字的发展史及不同民族的文字，感受各地方言。

（3）引导幼儿关心与中国相关的问题，并能根据具体问题形成自己的见解。如：

表4-6 "我和祖国"课程各领域各级建议目标

进阶课程	领域	小班	中班	大班
我和祖国	安全与健康	1. 喜欢玩中国民间体育游戏。 2. 知道中国特色的体育运动。	1. 了解中国民间体育游戏，并能自主进行游戏。 2. 了解有中国特色的体育运动，有参与体育活动的兴趣。	1. 熟悉中国民间体育游戏，并尝试创编游戏。 2. 积极参与有中国特色的各类体育运动，养成良好的运动习惯，增强体质。
	多元化语言	1. 日常生活中能说普通话。 2. 能听懂简单的中国儿童文学作品。 3. 喜欢看中国特色的图书。 4. 感知生活中的汉字。	1. 能够比较流利地听说普通话。 2. 喜欢听中国儿童文学作品，并能够简单讲述其内容。 3. 喜欢看中国特色的图书画本，并能够理解书中的简单意思。 4. 知道中国汉字的特征，对汉字感兴趣。	1. 能够用普通话顺畅地与人沟通、交流。 2. 在欣赏中国儿童文学作品的过程中，能够提出自己的想法及观点。 3. 主动阅读中国特色的图书，理解书中的内容，适当提出自己的观点。 4. 初步了解中国的文化。
	异己共生	1. 知道自己是中国人。 2. 初步认识国旗、知道国歌。 3. 知道中国是一多民族国家。 4. 知道中国常见的风俗习惯。 5. 知道中国的主要传统节日并乐于参与。 6. 知道简单的社会规则。 7. 知道自己身边常见的职业。	1. 爱祖国。 2. 知道中国人的显著特点。 3. 了解国旗、国歌的简单含义，了解升旗礼仪。 4. 知道中国有56个民族。 5. 初步了解中国的风俗习惯。 6. 了解中国的主要传统节日并积极参与庆祝活动。 7. 知道社会规则的重要性，能够遵守。 8. 知道各种各样的职业，了解不同职业。	1. 为自己是中国人感到自豪。 2. 能够完整地演唱国歌，了解国旗、国歌的含义，遵守升旗礼仪并尊重国旗和国歌，知道自己的民族，懂得各民族之间需要互相尊重、团结友爱。 3. 深入了解和尊重中国的风俗习惯。 4. 了解中国的传统节日及其文化内涵，并能主动参与相关的节日活动。 5. 了解社会规则的重要性，能够主动遵守规则，遇到违反规则的事情，能够提出异议。 6. 了解不同职业的特点，尊重各行各业的人。

四、儿童成长需要什么

（续表）

进阶课程	领域	建议目标		
		小班	中班	大班
我和祖国	异己共生		业的艰辛。 9. 在成人的引导下能关注国家的一些重大事件。	8. 知道国家的一些重大事件，关心时事。
	丰富的艺术体验	1. 学唱国歌。 2. 欣赏有中国特色的艺术形式和作品。 3. 在成人的引导下初步尝试有中国特色的艺术活动。	1. 能够跟随音乐唱国歌。 2. 喜欢有中国特色的艺术作品。 3. 喜欢体验和模仿有中国特色的艺术活动。	1. 能够有感情地唱国歌。 2. 了解有中国特色的艺术作品。 3. 能够主动参与有中国特色的艺术活动，并能够进行简单创作。
	探索世界	1. 知道中国特有的动植物的名称。 2. 知道中国特有的建筑物的名称。 3. 在成人的指导下，能关注生活中常见的中国科技。	1. 知道中国特有的动植物名称，及其显著特征。 2. 知道中国特有的建筑物的特点。 3. 发现不同地区的气候特点，并与生活进行联系。 4. 知道中国的科技发明成就。 5. 了解中国的通信技术发展进程。 6. 初步感知中国的地理位置。 7. 在成人的引导下对中国历史感兴趣。	1. 了解中国特有的动植物及其特征，并产生探究的欲望。 2. 了解中国特有的建筑物的历史文化，产生进一步探索的兴趣。 3. 了解不同地区气候特点的同时，产生进一步探索的欲望。 4. 对中国的科技感兴趣，并愿意进一步探究。 5. 对中国通信技术的发展知识感兴趣，愿意探索。 6. 对中国通信技术知识感兴趣。 7. 初步了解中国重大的历史事件。
	未来学习品质	1. 对中国文化和艺术有好奇心。 2. 对欣赏过的中国作品有识别、回忆的过程。	对与中国有关的事物，能够进行总结与比较，并进行简单的分析。	对与中国有关的事物，有自己的判断，并能够进行相关的设计与创作。

① 引导幼儿观看中国时事、新闻等，并鼓励幼儿对一些事件发表自己的看法。

② 带领幼儿认识一些常见标识，并遵守相应的社会规则。

③ 在中国传统节日时进行相应的庆祝活动。

（4）帮助幼儿了解一些中国的艺术形式，发现中国的艺术之美。如：

① 引导幼儿欣赏一些民族乐曲，感受中国的民族乐器。

② 建议开展国画、书法、剪纸、皮影戏、戏曲等中国艺术的欣赏、创作活动。

（5）帮助幼儿了解中国的特点，引起幼儿对中国地理、文化等相关问题的探索兴趣。如：

① 带领幼儿欣赏中国地图、地形图等，发现中国的地理特点。

② 帮助幼儿通过收集、对比相关信息，发现中国不同地域动、植物的特点和变化。

③ 引导幼儿发现中国科技的变化以及对我们的帮助。

（6）激发幼儿对中国事物的好奇心，引导幼儿通过逐渐深入的了解增加对中国的热爱。

① 和幼儿一起观看电视节目，如纪录片、时事节目等，帮助幼儿了解有关中国的事件。

② 组织、观看升旗仪式，帮助幼儿了解升旗礼仪。

6. 进阶课程六："我和世界"

世界与国家是整体与局部的关系。随着全球化的不断深入，各国的合作逐渐扩大，整个世界已经连为一个整体。教育是为了培养学生适应未来世界，发展未来世界，因此教育中不能缺少对世界的认识。"我和世界"课程从我是世界人、认识世界、探索世界三个方面深入展开，在"多元化语言"领域丰富儿童语言的多样性，让儿童与世界接轨；在"探索世界"领域激发儿童探究事物的兴趣，帮助儿童认识世界上的动植物、大陆板块、季节变化、自然灾害等，进行有层次的活动；在"异己共生"领域让儿童感知自己和世界的关系，知道自己是世界人，从而接纳和尊重世界。

"我和世界"课程中，各领域的建议目标见表4-7。

课程建议：

（1）引导幼儿了解国际体育赛事，体验竞赛的乐趣，产生对体育活动的热爱之情。如：

① 与幼儿一起关注国际体育赛事及相关新闻，例如，奥运会、世界杯等，并带领幼儿讨论赛事情况。

② 组织幼儿开展一些适宜性强的国际体育项目，例如，打羽毛球、田径赛等活动。

③ 幼儿园可以定期组织大型体育运动会。

（2）帮助幼儿了解世界上有多种语言形式。如：

① 让幼儿欣赏不同国家的原版图书，接触不同国家有代表性的故事及童谣。

② 除了母语，帮助幼儿用其他语言形式与人进行简单的交流。

（3）帮助幼儿了解世界上有许多国家，引导幼儿对此产生兴趣。如：

① 与幼儿一起在地图上寻找一些国家的名称及位置。

② 组织幼儿展开对其他国家的讨论。

③ 通过比较，让幼儿发现不同国家的风俗习惯各不相同，引导幼儿尊重不同国家的风俗习惯，遵守社会规则。

④ 通过观看电视、杂志等，让幼儿了解世界上的一些大事件，并鼓励幼儿进行评价。

表4-7 "我和世界"课程各领域各级建议目标

进阶课程	领域	小班	中班	大班
我和世界	安全与健康	在成人的指导下，关注世界运动赛事，培养对体育运动的兴趣。	在成人的引导下能尝试参与世界上有代表性的体育运动。	喜欢世界的多种体育形式愿意积极尝试。
	多元文化语言	1. 感知世界语言的多样化。 2. 喜欢听世界各国的童话故事。 3. 喜欢看世界各国的图画书。	1. 知道世界上有多种语言，能听懂、说出生活中简单的外语词汇。 2. 能听懂、看懂世界各国简单的儿童文学作品。	1. 能听懂简单的外语短句并进行简单的外语交流。 2. 能理解世界各国的儿童文学作品，并能与他人交流自己的观点。
	异己共生	1. 喜欢大自然，知道世界上有许多国家。 2. 感知一些国家的基本礼仪。	1. 喜欢世界，爱自然。 2. 知道世界上有不同种人并感知其外貌特点。 3. 知道一些国家的名称与国旗。 4. 了解一些国家的风俗习惯。 5. 了解世界上存在的不同的社会规则。	1. 热爱世界。 2. 知道自己是世界中的一员。 3. 能比较世界上不同种族的人的外形特点，尊重不同种族的人。 4. 了解各国家的文化与历史，并能尊重世界各国的文化差异。 5. 能表达自己对一些国家的看法与观点。 6. 能关注国际重大新闻事件。 7. 接纳、尊重世界的多元化。
	丰富的艺术体验	1. 在成人的指导下能够发现世界上美的事物。 2. 喜欢观赏和倾听世界各国的艺术作品。 3. 能用声音、动作、姿态模仿自己喜欢的世界级艺术作品。	1. 能够主动发现世界上美的事物。 2. 喜欢欣赏世界著名的艺术作品。 3. 有自己喜欢的世界艺术形式并能进行创作。 4. 能利用多种材料及形式表现不同的世界艺术风格。	1. 能够发现世界上不同的美的事物，并有自己的理解。 2. 了解世界著名艺术作品的特点。 3. 能选择自己喜欢的艺术形式表达自己对世界万物的理解。 4. 能富有创造性地表现不同的世界艺术风格。

四、儿童成长需要什么

（续表）

进阶课程	领域	建议目标		
		小班	中班	大班
	探索世界	1. 感知世界上不同的动植物。 2. 感知世界各地简单的地形地貌。 3. 知道有火灾、地震、洪水等自然灾害。 4. 知道常见的世界科技产品的名称。 5. 在成人的指导下，能够对感兴趣的事物进行观察，并发现其明显特点。 6. 能对探索周围世界产生的结果进行关注。 7. 喜欢大自然。	1. 知道不同国家在世界上的地理位置。 2. 了解世界各地不同动植物的外形特征。 3. 了解世界上几种简单的地形地貌的特点。 4. 知道几种自然灾害的特点和相关的自我保护常识。 5. 知道常见世界科技产品的作用及其便利。 6. 初步了解自然物理现象，如光、声、磁、力等，及其对人类生活的影响。 7. 了解简单的天文常识，如星座、行星等。 8. 能够简单清晰地表达探索世界的过程和结果。 9. 有环保意识。	1. 了解世界大陆板块发展的过程，知道五大洲、七大洋。 2. 了解世界上不同动植物的习性及其如何适应环境。 3. 了解不同的地形地貌及其对人的影响。 4. 知道季节变化及其对人类生活的关系。 5. 能探索不同的气候对人类生活的影响。 6. 能意识到常见的物理、化学现象产生的原因和条件。 7. 愿意用自己的方式表达探索世界的感性经验。 8. 初步了解一些世界历史文化。 9. 了解环保行为对世界的影响。
	未来学习品质	对周围世界充满好奇。	1. 有主动探索周围世界的兴趣。 2. 在探索世界的过程中能主动发现问题、提出问题，并进行验证。	1. 能积极主动地探索世界，并能尝试解决问题。 2. 对探索世界的结果进行评价。

71

（4）与幼儿一起欣赏世界上不同风格的艺术作品，让幼儿感知艺术世界的多元化。如：

① 和幼儿一起进行画油画、雕塑等美术创作活动，让幼儿感受多种艺术表现形式。

② 有条件可以带领幼儿去歌剧院欣赏歌剧，感受乐器及演唱方式的不同。

③ 鼓励幼儿进行艺术创编活动，让幼儿对艺术活动产生兴趣。

（5）支持幼儿接触大自然，引导幼儿感受世界的广袤与神奇。如：

① 与幼儿一起收集并探索，发现世界上不同地区地理特征的异同。

② 帮助幼儿了解自然灾害对于世界的破坏，懂得一些防灾减灾的知识，必要时可以进行防灾演习活动。

③ 成人要以身作则，做到不乱扔垃圾，减少使用塑料袋，绿色出行等，为幼儿建立环保意识。

（6）鼓励并保持幼儿对事物的好奇心，给幼儿充分的探索空间，引导幼儿对计划与结果进行分析，并对后续问题持续关注。如：

① 保护幼儿的好奇心，与幼儿共同探讨他们提供的问题，设计出相应的方案并进行持续跟踪与关注。

② 带领幼儿深入分析问题的结果，帮助幼儿发现结果与计划之间的区别，保持进一步探索的热情。

进阶课程并不是一种固有的课程模式，也不是要将教师局限于这六个主题，它是提供教师一个思考的空间和范围。在开展进阶课程的过程中，教师可以根据实际情况选择相应的课程内容，课程内容可以相互融合，同时，活动的主题也可以根据活动内容制定。进阶课程只是一个方向和指引，它给了教师充分发挥与想象的空间。只要教师将课程内化于心，就可以开发出更加丰富精彩的活动内容。

（三）儿童学习循环体

教育家陈鹤琴指出："儿童不是成人的缩影，而是有他独特的生理、心理特点的。幼儿期是身体智力发展的极为重要的时期，必须掌握其特点，掌握其生长发展的科学规律，才能把幼儿教好、养好。"[1] 学前教育家张雪门也反复强调："儿童绝不是具体而微的成人。"[2] "儿童进幼稚园的时候，各种感官已经发育完全，且也已能彼此联络；受外界刺激而起的反应颇快，整天奔东奔西，看看这样，望望那样，感觉的好奇逐渐蜕化，而理智的好奇已起。生活经验的扩充，好奇实为其根本的要素。再加这一时期模仿和暗示感受性极盛，模拟成人的生活，一一都从其游戏中表现出来；然后对生活的意识，儿童始有了把握。思考是对行为最重要的；虽儿童对于事物的关系与因果的比较，因观察经验的缺乏，常作出可笑的假定，然而不能不承认其已有思考的作用。我们应该怎样加以训练，使思考力逐渐发展起来，完全可充实生活的方针，在研究教材的时候是不得不再三注意的。"[3] 不难发现，张雪门强调了儿童发展的几个基本要素，即好奇、模仿、思考、想象，特别强调了理智的发展、思维的发展，这意味着我们不仅要遵从儿童学习的基本方式，更要引领和促进儿童的发展。

儿童认识世界是以直接经验为基础的，是感性的、具体的、形象的。因此，他们需要通过身体的感觉器官与世界进行联系，在实

---

[1] 北京市教育科学研究所.陈鹤琴全集(第一卷) [M].南京：江苏人民出版社，1987：1.
[2] 张雪门.幼稚园教材研究 幼稚教育新论 [M].北京：商务印书馆，2014：7-8.
[3] 同上：12.

践操作中认识事物，在成人的指导下形成自己的思维方式，理解事物产生的原因和条件，最后在认识世界时提升情感态度。本课程站在儿童发展与学习特点的基础之上，遵循儿童感知事物、认识事物、发展思维、形成情感的规律，为教师提供了一个儿童学习循环体（如图4-1），帮助教师组织开展相应的教育教学活动。

图4-1 儿童学习循环体

这个学习循环体以儿童（I）为出发点，包括"我感知"(I Feel)、"我识读"（I Read）、"我思考"（I Think）、"我实践"（I Do）、"我反思"（I Reflect）和"我热爱"（I Love）这六个环节。"我感知"(I Feel)既包括听觉、视觉、味觉、嗅觉与触觉，也包括儿童内心的感受，是儿童既往经验的回忆，也是整个学习的基础。"我识读"（I Read）是在获取直接经验的基础上，通过间接载体，如文字、环境以及现代信息技术与互联网等获得间接经验。"我思考"（I Think）指儿童整合直接经验与间接经验后，作为天然积极的学习者，对周围的人、事、物提出自己的想法与问题。"我实践"（I Do）是指儿童在教师与家长提供的适宜的指导下，将自己的想法付诸实践。"我反思"

（I Reflect）则是在实践的基础上，同样在教师和家长的指引下，儿童积极主动地对既有的想法和做法进行回顾、调整，以进一步改进自己的想法和做法。"我热爱"（I Love）是指儿童经过反复的内化吸收和外化实践活动，对周围的人、事、物形成情感联结，并在此基础上有意识地形成新问题，对外界产生新的好奇和想象。

需要强调的是，这个儿童学习循环体不是一个简单的线性循环体，更不是对教育教学活动实施过程中简单的时间分配和程序要求。在真实的课程开展活动中，这个循环体可能在某几个环节反复循环，也可能在某一个教学时间段内出现涉及的所有环节。正如前面的六大领域和进阶课程一样，这个学习循环体为教师提供的是一个思维工具，一个组织儿童游戏和教学活动的脚手架。如何在真实具体的情境中运用，还需结合儿童的发展阶段和兴趣具体分析。

下面以主题活动"擦皮鞋"为例来具体说明学习循环体。

案例 "擦皮鞋"

一天，孩子们在上课时发现老师的皮鞋脏了。老师引导孩子们想办法解决这个问题。于是，小朋友们商量后决定要去超市买鞋油，把皮鞋擦亮。这个过程中，孩子们在"去哪个超市买鞋油"这一问题上意见不一。经过讨论，大家投票选择了去顺天府购买鞋油，还有小朋友自告奋勇担当"买鞋油小分队"的队长，带领大家一起制作队旗，之后带领小分队成员一起出发。到达超市后，由于不知道卖鞋油的区域在哪里，一些小朋友选择自己跟着标识走，一些则向导购姐姐询问。找到相应的货架后，小朋友们又对鞋油的价格、规格和颜色作了比较，发现除了黑色、棕色以外，货架上还有"自然色"的鞋油，小朋友们不知道"自然色"是什么颜色，于是求助老师。老师回答道："我也不懂，你们问问专业人士吧。"于是小朋友们又求助于导购姐姐。最终，小朋友们选择了一款价格和颜色合适的鞋油，并成功地帮老师把皮鞋擦亮了。看到这一活动取得了良好效果，老师便引导家长们把自己家里脏了的皮鞋带到学校来。小朋友们结成若干个小组，每个小组负责擦亮一定数量的皮鞋。这一次，小朋友们更加积极地做了许多准备。他们讨论、记录、汇报自己小组负责的皮鞋的颜色，然后选举小组长，制作队旗，选择超市，购买相应颜色的鞋油，并认认真真、开开心心地擦亮了一双又一双皮鞋。

分析：

该案例中，教师将幼儿园孩子们发现老师的皮鞋脏了这一日常生活中的小事作为切入点，对脏皮鞋、买鞋油、擦皮鞋三个环节展开有目的、有设计的引导，开发出"擦皮鞋"这样一个植根于真实生活情境，帮助孩子们发展各项能力的生成性课程。教师将孩子们的偶然发现即兴地转化为宝贵的教学素材，在不着痕迹的引导中帮助孩子们发展动手劳动的能力，引导孩子们在沟通与合作中解决实际问题，培养孩子们热爱劳动和帮助他人的情感。

此教学案例很好地运用了以儿童发展为中心的学习循环体模型，囊括了"我感知"（I Feel）、"我识读"（I Read）、"我思考"（I Think）、"我实践"（I Do）、"我反思"（I Reflect）和"我热爱"（I Love）六个向度。"我感知"（I Feel）包括了儿童的听觉、视觉、味觉、嗅觉、触觉以及儿童的内心感受，如孩子们观察到老师的鞋子脏了，比较不同超市的距离远近、交通便利性和商品丰富性，通过帮老师和别人擦皮鞋获得自信和成就感。"我识读"（I Read）是指通过文字、环境以及现代信息技术与互联网等手段获取间接经验，如本案例中孩子们问路，请教营业员"自然色"鞋油的用途，读取价格标签和指示牌等。"我思考"（I Think）指儿童整合直接经验与间接经验后，作为天然积极的学习者，对周围的人、事、物提出自己的想法与问题。"我实践"（I Do）是指儿童在教师与家长提供的适宜的指导下，将自己的想法付诸实践。在本案例中，孩子们的思考和实践贯穿始终，从发现鞋子脏了到设法买鞋油，最后开展擦皮鞋行动，便是很好的体现。孩子们在分辨脏鞋子的颜色，采取不同方法对颜色进行归类和记录，寻找卖场、货架、收款台等位置，讨论购买哪种鞋油、购买数量，以及其他各环节中，都进行了积极自主的思考和分析。"我热爱"（I Love）是指儿童经过内化吸收和外化实践活动，对周围的人、事、物形成情感联结，并在此基础上有意识地形成新问题，对外界产生新的好奇和想象。从案例中不难看出，孩子们发展了团队精神和秩序感（如举手表决通过去顺天府买鞋油），提升了领导力（如自告奋勇当队长、做队旗；在其他孩子的影响下更积极主动地寻求帮助），完成任务后获得了成就感和自信，劳动带来了喜悦感……尤其是擦完皮鞋后，有些孩子能够由眼前的直接经验延伸到未来的间接经验，产生开公司、设计擦鞋机这样的小灵感。教师如果抓住这样的机会，进一步深入引导，则可生发出与该主题相关的更多课程来。"我反思"（I Reflect）是在实践的基础上，在教师、家长的指引下，儿童积极主动地对既有的想法和做法进行回顾、调整，以进一步改进自己的想法和做法。这一向度在本案例中主要体现在买鞋油前的分组讨论上，即各组孩子们汇报记录下来的鞋子的颜色,但还可以有所强化。儿童基于自身的经验和认知水平,要主动进行反思具有一定难度。因此,在此环节中,教师和家长更需要启发引导,帮助孩子举一反三。

(本案例由北京市丰台区丰台第一幼儿园提供)

五、我们如何陪伴儿童成长

《3—6岁儿童学习与发展指南》中提出了教育实践应把握的四个方面：(1)关注幼儿学习与发展的整体性；(2)尊重幼儿发展的个体差异；(3)理解幼儿的学习方式和特点；(4)重视幼儿的学习品质。我们认同这些原则，并据此厘清了课程的形态架构、教师的角色定位、课程的实施原则。

(一)课程的形态架构

幼儿以自己的直接经验为基础，在日常生活和游戏中进行学习，而幼儿阶段的教育又有它本身需要完成的教育目标和内容。为了使两者能够更好地融合，本课程提倡两种课程模式——集体活动课程和个体发展课程。

集体活动课程面向全体，促进儿童的基本发展，使之具有全面性和整体性。集体活动课程包括：集体教学、集体游戏、环境教育、生活活动、家长课堂、社区活动等。

个体发展课程面向个体和部分群体，以集体活动课程为依据，促进儿童的个性发展，使每一位儿童具有自己的特点，挖掘儿童独特的潜能。个体发展课程包含：区域活动、小组教学、特色活动、兴趣小组、户外活动等。

（二）教师的角色定位

课程是对教育目标、教学内容、教学活动方式的规划和设计。在幼儿园课程中，教师首先应该考虑的是以幼儿发展为中心，规划、设计、开展适宜的相关活动。同时，教师需要有敏锐的观察力，关注幼儿在各方面的表现和反应，用适当的方式回应，让幼儿通过自己的方式去探索事物的现象，解决面对的问题，以促进他们的发展。虽然教师是课程的设计者和实施者，但是在课程活动中，教师要学会退居幕后，把时间、空间留给幼儿，让他们去大胆尝试、轻松体验、自主探索。在课程实施中，教师的角色要从以下三方面进行转化。

1. 由组织者转向引导者

教师不再是课程实施的主体，幼儿才是课程实施的主体。教师应当更多地观察幼儿，当幼儿在发展中出现偏颇时，要将幼儿引导至正确的方向。

2. 由控制者转向支持者

课程实施中，每个幼儿的发展需求、发展速度是不一样的。教师要尊重每一个幼儿的个体差异，不能以同样的要求与目标来控制幼儿在课程活动中的表现与反应，而要学会为不同的幼儿提供适宜的方式方法，支持他们当下的需求，促进他们的长远发展。

3. 由指导者转向参与者

课程实施中，教师也要与幼儿一样成为课程的参与者，与幼儿共同体验，共同游戏，这样才能走进幼儿的内心世界，才能理解幼儿在活动中的所思所想，才能不断调整适合幼儿的活动内容与方式，使课程真正成为幼儿喜欢的课程。

仍以"擦皮鞋"的案例进行说明。

| 案例 | 擦皮鞋 |

　　教师在课程实施过程中平衡好干预和放手两者之间的关系十分重要。在本案例中，教师及时捕捉到"擦皮鞋"这个教育契机，围绕这一主题设计出系列教学活动，在看似较少的干预下推动了教学活动的开展。可以看出，教师并没有将自己定位为权威者，而是把分析、判断和决定权交还给了孩子们。例如，决定去哪个超市购买鞋油由孩子们集体投票表决，而非由教师指定；当孩子们产生困惑，找不到货架和商品的位置，拿不准鞋油的颜色时，教师没有急于提供现成的答案，而是放手让孩子们自己去探索和寻找。特别是，当孩子们向教师求助"什么是自然色"时，教师回答"我也不懂，你们问问专业人士吧"。这一看似平常的教学回应，于无形中消解了教师似乎无所不知的刻板印象，更鼓励了孩子们探究的欲望和主动性。倘若在整个教学过程中增加一些讨论和回顾的环节，引导孩子们以自己的方式对活动过程进行描述和反思，应该会更有利于教学目标的实现。

　　值得肯定的是，本案例的课程设计与实施过程充分重视儿童与生俱来的好奇心，儿童是具有自主性的积极学习者和生活的积极行动者的特点，尊重了儿童在面对这个充满新奇的世界时所具有的主观能动性、自我决策能力和求知欲望。可以说，教师是整个教学活动的设计者、引导者和记录者，而孩子们是活动的积极践行者，是学习的主体。在本案例中，教师把学习的主动权还给了儿童，呵护儿童的好奇心和创造力，以符合他们年龄特征的教学方式，鼓励儿童在与伙伴、教师、家长以及社区成员的主体间性中，构建和探索周围的世界，并获得发展。

（三）课程的实施原则

借鉴《3—6岁儿童学习与发展指南》提出的内容，我们在实施课程时倡导把儿童发展放在首位，遵循儿童的年龄特点与发展需要，站在儿童的角度去思考问题，让儿童成为活动的主体，将课程实施建立在儿童的学习方式之上。因此，在课程实施中需要把握以下五个原则。

1. 课程环境安全性原则

幼儿园是促进儿童身心发展的重要场所之一，我们认为，幼儿对环境具有依赖性和接受性，创设一个安全的幼儿园环境显得格外重要。

（1）绿化建设要有安全性

幼儿园的绿化建设能为园所增添不少色彩，但是也要建立在儿童安全的基础之上。进行绿化设计时，要考虑到花草树木的习性、特征，植物外表以圆润光滑为好，尤其不能栽带刺的植物，避免儿童在活动时受到不必要的意外伤害；也要考虑植物是否有毒，或是否会散发刺激性的气味等，植物的颜色不能过于刺眼或过暗。

（2）活动材料要有安全性

首先要购买符合国家安全标准的活动材料，如产品是否有"CE"认证标志。其次，安装、摆放器材时要考虑幼儿特点，如生活污水的排放、物品运作产生的噪音、电器安全等都需要考虑。这些都会对幼儿园的活动产生影响。

（3）活动组织要有安全性

教师在组织活动时，一定要充分考虑环境与儿童的年龄特点是否相符，考虑活动中儿童与周围环境产生互动时的安全因素。例如，在教学中，小班幼儿和大班幼儿使用的剪刀应该有差别，小班儿童的手小，小肌肉群还没得到很好的发展，所以一般会选择小巧、灵活的全塑料型剪刀，大班儿童的手部能力得到发展，就可以使用较大的半金属安全剪刀。带领儿童走出幼儿园，进行活动时，教师应该先进行踩点，做好相应的安全预案，这样才能在保障儿童安全的基础上进行相应的活动。

2. 课程游戏性原则

我们相信，游戏不仅是儿童学习的途径和方式，更是儿童的基本生活方式和最普遍的语言。儿童的心灵有游戏的种子，他们以游戏的形式与人交往，与世界对话，为在未来世界生存储备应变的能力。虽然每位幼儿教育工作者都熟知课程游戏化的重要性，但在实践过程中，我们总是发现孩子们玩的不是真游戏，而是假游戏。比如，有一些训练10以内拆分的小卡片，上面写着"3个苹果加5个苹果，共有几个苹果?"，虽然卡片上画了3个苹果和5个苹果，看起来很可爱，但这个游戏一点都不好玩，孩子们也不感兴趣。因此，我们需要深入地思考：玩什么？怎么玩？为什么玩？依据是什么？

我们认为，真游戏应该与儿童的经验世界相连接，为儿童创造真实的情景，同时，对儿童的认识形成一定的挑战；需要遵循一定的规则；结果开放、灵活、变幻莫测。同样以10以内数字的拆分为例，我们可以让2—4个孩子一组，每人手里抓10个小黄豆，然后在地上画一个大小适宜的圈，规定每个人往圈里扔黄豆的距离必须高于地面一尺，谁扔进圈内的黄豆多，谁就获胜。这个游戏看似非常简单，却把10以内数字的拆分蕴含其中。孩子们从高处往低处撒黄豆，黄豆一定会有些留在圈内，有些蹦到圈外，圈内和圈外的数加起来就是10。最重要的是，这个游戏有一定的规则，孩子们在游戏时必须遵循规则，否则就出局。此类游戏能够帮助孩子逐渐养成对规则的敬畏，这是幼儿游戏的重要基础，而现在很多游戏忽视了这一点，过于强调发展孩子的认知功能。另外，这个游戏的结果是未知的，孩子每一次撒黄豆的结果都不一样，这回可能这个孩子获胜，下回可能另一个孩子获胜，所以孩子玩起来充满乐趣。这才是我们C⁺课程所强调的真游戏。应当将这样的游戏贯穿儿童的一日生活中，而不只是在个别环节中有游戏的形式。幼儿园多开展生动、丰富、有趣、有效的游戏，才能真正帮助孩子获得更多的新经验。

当然，真游戏还需与我们的教育目的相吻合。比如张雪门就特别强调培养孩子的团体性，也就是我们现在所说的团队合作精神。但关于团体生活，张雪门明确地批评："从前有许多的教材，在表面上似乎是团体的动作，但一经分析，其出发点完全站在个人的利益上，算不得真正的团体生活。比如争坐，许多小孩子听着琴声争椅子坐，椅子总比人数少一个数，因之每次总有一个孩子因争不到座位离开群众去了，这不能算是团体动作。每个人都为每个人的自己，人数虽多，只可说是许多个个人，实不配说是有组织的一个团体。一个团体的坚固与不坚固，全看一个团体有没有共同的目标，和彼此有没有相互的组织和关系。"[1]因此，开展游戏活动时，我们需要反复多问几个为什么，反复思考游戏的目的和我们的教育目的是否一致。

此外，教师应该为儿童提供游戏环境，在儿童游戏时应该静下心来欣赏儿童的游戏过程，观察游戏，合理地指导游戏，而不能变成导演游戏，否则儿童就会失去自由、自主，失去创造力，课程也会失去游戏化的特质。

---

[1] 张雪门.幼稚园教材研究 幼稚教育新论［M］.北京：商务印书馆，2014：12.

3. 课程融合性原则

C⁺课程重视课程与环境，课程与资源的融合，也重视将各领域的内容进行融合，将进阶课程进行融合，将六大领域、进阶课程、儿童学习循环体有机融合，具体体现在以下几个方面。

（1）六大领域、进阶课程、儿童学习循环体的相互融合

正如前文所言，幼儿的生活是整体的，幼儿园的课程不是按照学科特点分割开来的，而是不同领域的相互结合。我们倡导依据不同主题划分领域内容，根据儿童的年龄特点和发展水平，体现课程的层次性和互通性。C⁺课程不但关注到了主题活动中领域之间的融合性，还兼顾了主题内容和儿童学习循环体之间的融合性。

以本书第九部分C⁺课程案例中的"中国花纹"为例。课程实施前，教师预设此内容为"我和祖国"这一进阶课程中，但是随着主题开展，延伸出了中国花纹与世界花纹的对比。这样，这个主题就不单单属于"我和祖国"这一课程的范畴了，而是将"我和祖国"与"我和世界"融合在了一起。儿童在了解花纹的活动中，将会运用多元化语言、丰富的艺术体验、探索世界以及未来学习品质等，这又将领域之间的内容融合了起来。最后，感知花纹、欣赏花纹、绘制花纹等活动又体现了儿童学习循环体的内容。所以，C⁺课程是一个有机的整体，其所有内容都是相互融合的。

（2）课程与环境资源的相互融合

课程不是单一的教学活动，它应渗透在幼儿园的一日活动之中。为了让课程能浸润幼儿园的每一个角落，就应该将各种活动（如区域活动、生活活动等）与环境资源（如家庭、幼儿园、社会、自然资源等）有机地融合在一起。这样的课程是鲜明的，是有意义的，是全面的，也能更好地促进儿童的整体性发展。

（3）中华优秀传统文化与世界多种文明的融合

中华优秀传统文化涉及范围广泛，可以挖掘的教育价值非常丰富。在幼儿园阶段，应该选择幼儿能体验、能接受、能理解、能受益的内容，比如节日节气、民风民俗、中国艺术（书法、国画、剪纸、曲艺等）、传统游戏（包括武术、体育游戏、益智游戏等）、传统文学（包括诗词、对联、童谣、绕口令、歇后语等）、传统美德等。这些内容有的已经融入我们的日常生活中，并成为生活的一部分，而作为教育工作者，我们还需特别注重将传统文化与中国现代社会生活相联系，使其在现代世界中有意义、有价值，以真正起到传承与发扬中华优秀传统文化的作用。

幼儿是一个特殊的学习群体，由于受身心发展的限制，他们的行动能力、思维能力还处于初级的阶段，幼儿还不能完全接受和理解中华优秀传统文化的精髓。教育者可以结合当代幼儿生活的实际，将传统文化转化为科学而适宜的教学内容，让幼儿体验这些优秀的传统文化。同时，教师也可以创设丰富的多元文化环境，帮助幼儿感知中华传统文化和世界文明，从而获得对中国文化和世界文明的初步概念。

案例　中国剪纸

剪纸是中国古老的艺术形式之一，已有两千多年历史，第一批进入"中国非物质文化遗产"名录。只有手部小肌肉群发展精细，才能剪出心中所想的事物，而幼儿的手部小肌肉群发展并不完善，他们处于精细动作发展的关键期。如何让幼儿既能体验剪纸的乐趣，又不至于因为有难度而失去对剪纸的兴趣呢？

蒙台梭利在感官教育中提出，感官为建立联系的器官，这样的器官帮助孩子与这个世界建立联系。孩子通过在世界中的经历，构建出了自己的智力。孩子通过触摸、感受、闻、品尝东西，就会对世界有更多的了解。结合蒙台梭利的感官教育理念，在开展剪纸活动时，我们为孩子提供能代表世界各国丰富文明的素材，然后按照四步法进行实践：一看、二摸、三画、四剪。比如，幼儿想要剪一头泰国的大象，教师可以为他们准备大象的模具，让他们先观察大象长什么样，对大象的外形有初步的感知，再去触摸大象的外轮廓和身体，感受大象的细节，然后用手指在纸上按照大象模具画出其外轮廓，这时幼儿可以凭借记忆用剪刀剪出大象。如果不成功，幼儿也可以反复练习，直到最后剪出大象为止。教师也可以在教室里准备一张世界地图，把相应的素材轮廓勾勒好，然后鼓励孩子们将自己的作品贴到相应的位置，这样既能满足幼儿的需求，也没给他们带来巨大的挑战，更为他们打开了认识世界的窗口，促进幼儿综合能力的发展。

4. 充分准备与生成性相结合原则

在 C^+ 课程的实施过程中，教学内容的选择还要遵循充分准备与生成性相结合的原则。怎样才能够做到充分准备与生成性相结合呢？首先，我们必须了解什么是充分准备的课程内容，什么是生成性的课程内容。

充分准备的课程内容，也叫预设课程，是指教师在课程实施之前，已经将课程内容预设好了，每一步的教学内容与实施方法以及教学材料也已经准备齐全，经过了充分的备课与课前准备，所以教师对于课程实施中的提问以及儿童在课程中的反应也有了一定的了解。而生成性课程是指教师在师幼互动中发现儿童感兴趣的事物，从而寻找可以利用的教育资源展开的教学活动。所以在生成性课程中，教师的教育过程不再是不可改变的，而是通过观察，根据儿童的兴趣与需要不断调整的。

虽然生成性课程是从儿童的兴趣点出发的，但并不是儿童无目的、随意的、自发的活动。它也需要教师来引领，找到适合儿童的教育内容，从而让儿童在教育过程中获得更大收获。因此，课程的充分准备与生成性这两者并不是割裂开来的，而是相辅相成的。只有将两者有机地结合在一起，课程才能够变得更加有实效性。

> **案例　管道游戏**
>
> 通过观察发现，儿童对幼儿园的管道感兴趣。教师可以从儿童的这一兴趣点入手，开展相关的教育活动。但是如何开展，怎样开展，就要有教师的思考与准备了。首先，教师可以与儿童共同讨论，了解他们的兴趣点，之后通过整理问题，观察儿童的需要，寻找出适宜班级儿童年龄特点的课程内容。在具体的实施中，教师如果发现儿童对本主题有了新的兴趣点，可以及时进行调整。这样的课程才能够充分地调动起儿童的参与热情，在保护儿童好奇心的基础上，让他们得到更多经验与知识的积累。

5. 课程多样性原则

幼儿园课程的多样性是幼儿园教育质量优化的一个重要前提，一方面使教师的教学手段灵活多样，另一方面使课程更能符合儿童的个体化需求，促进儿童的全面发展。C⁺课程的实施过程中，教师要注重把握课程多样性这一原则。怎样才能够使课程灵活多样呢？课程的多样性主要体现在活动内容的多样性、活动形式的多样性、活动材料的多样性等方面。

(1)活动内容的多样性

儿童身边的一切事物都可以成为活动的主题(季节、动植物、城市、环境、家庭、社会等),即使是同一个内容,也可以从不同的角度出发,开展不同的教育活动。比如家庭主题,我们除了从常规的社会性内容入手,还可以设计科学探究活动。如过年时,很多家庭都会有包饺子的活动,怎样将"包饺子"设计成一个探究式的活动呢?首先,我们要从源头入手,让幼儿从和面开始,尝试调配面与水的比例,通过不断的试验从而和出适宜的饺子面来。大班的幼儿还可以将过程进行记录,保存下自己的试验结果。这就是我们将家庭主题融入探究性活动的一个实例。此外,我们还可以鼓励孩子包不同形状的饺子,给饺子取名字,编故事,等等。生活中的小活动——"包饺子"可以用不同的内容展现出来。因此,我们要打破常规思考模式,让单一的问题变成多角度的实践操作,让活动内容更加丰富和多样,让幼儿获得多层次的收获。

(2)活动形式的多样性

我们可以通过集体、小组、个体操作等多种形式来开展教学活动,同时,还可以利用年级、园所、社区及家长等丰富的教育资源开展形式更加多样的教育教学活动。

案例　客人来了之绘制地图

为了将幼儿园更加直观地呈现在客人的面前,孩子们决定绘制地图。在绘制地图前,我们一起来到了幼儿园内的示意图前,观察示意图中的内容。孩子们观察到,幼儿园的示意图中有虚线,代表过道;有文字,我们可以知道教室的名字;有楼梯,示意图中的楼梯都是同一种图示表示出来的;示意图是根据真实的

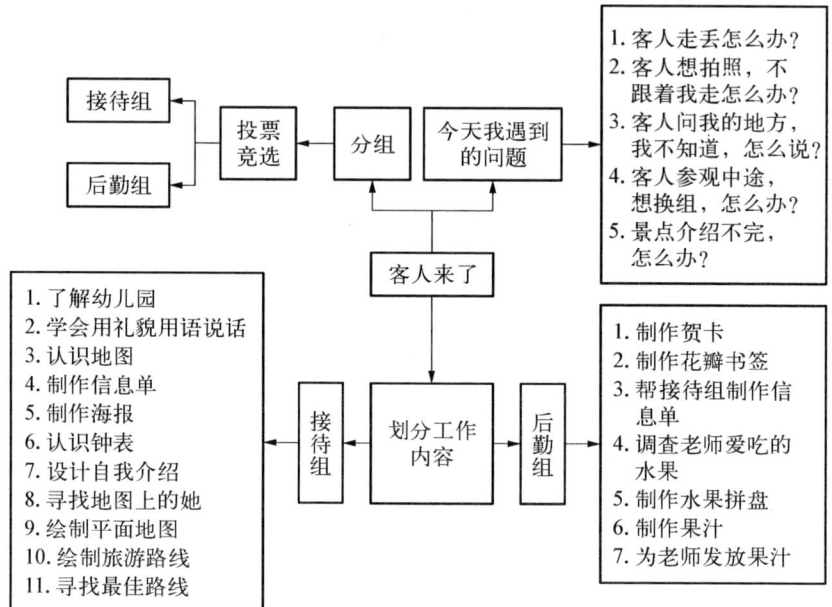

图5-1 "客人来了"设计思路图

位置绘制的。

　　通过观察,大家对地图有了直观的认识。我们共同商讨后,决定以本班教室为蓝本,绘制一张地图。第一次尝试后,出现了很多问题,比如,有的地图画的是教室的局部,不是整体;有的地图中物品摆放的位置不对……针对这些问题,我们再次对班级进行了细致观察,从外到里将物品按照顺序运用方位词语"左""右""前面""后面""上面""下面"来进行描述,帮助孩子更好地理解方位。第二次绘制时,孩子们重新梳理了空间位置,结果比第一次清楚正确许多。

　　为了让客人更好地了解幼儿园,绘制一张全园地图才是我们的最终目标。有了绘制班级地图的经验基础,孩子们利用活动区的时间,开展了园所地图的绘制活动。绘制户外地图时,许多孩子不顾天气寒冷，坚持在户外观察细节。就这样，在孩子们的努力下，户外操场、活动区域的地图绘制完成。

孩子们绘制地图的兴趣持续高涨。大家又开始探索同一楼层教室之间的方位关系，希望绘制楼层地图。为了让孩子们能够高效率地完成绘制，我们从本班所在的楼层开始，一起绘制班级所在层的示意图。在绘制的过程中，教师引导孩子们进行仔细地观察与有顺序地绘画。有了这样的经验后，孩子们自主完成了第一层和第二层的地图，同时，有一些细心的孩子发现，三楼的大五班下边是二楼的大一班和一楼的中五班。通过三个楼层之间的交叉印证，孩子们在绘制地图时有了更多的参考坐标。接待组攻克完最难的任务——地图，又开始制作导游证，忙得不亦乐乎。

分析：

绘制地图是"客人来了"主题活动中的一个子活动。从具体活动中我们发现，通过两次绘制地图，幼儿不光在绘图能力上有所提升，对地图标志、坐标及方位等知识也有了进一步的了解。

从活动名称上看，"客人来了"是一个社会性的主题活动。通过主题的网络图可以发现，该主题中的活动形式是非常多样的，既有集体活动，也有分组活动，同时还有个体的活动。在整个活动中，孩子们的发展可以说是全方位的。接待组的小导游们在活动中锻炼了社会交往能力、语言表达能力、临场应变能力、组织调整能力，增强了自信心；绘制地图锻炼了孩子们的观察能力，提升了孩子们的平面和空间思维能力，让孩子们有机会运用符号表示文字，练习拿笔姿势，绘制线条、图形等，促进了孩子们前书写能力的发展；后勤组准备水果的过程中，孩子们运用调查、统计、分析等方法来选择水果，并在遇到突发问题时不回避退让，而是分工合作，想办法解决问题……孩子们的这些表现都远远超出了成人的预期。

我们可以看出，"客人来了"主题活动的形式是多样的，其中既有集体讨论活动，也有小组操作活动，又有个体接待活动。孩子们通过不同的形式，体会不同的角色在活动中的作用，从而获得相关能力的提升。如接待组的幼儿不但需要负责规划接待路线，还要组织自己接待时的介绍内容，同时还要解决接待过程中客人提出的突发问题。而遇到问题以后，大家还会组织讨论，根据具体的问题，一起寻找解决方法：客人走丢怎么办？客人想拍照，不跟着我走怎么办？客人问我的地方，我不知道，怎么说？客人参观中途，想换组，怎么办？景点介绍不完，怎么办？……幼儿通过集体讨论、分析，寻找解决问题的好办法。其次，"客人来了"活动的场地也具有多样性。该活动除了在教室中进行，还涉及了操场、厨房、园所功能教室等。活动场所，让幼儿的活动范围和空间更加丰富。

（本案例由北京市丰台区丰台第一幼儿园杨阳老师提供）

（3）活动材料的多样性

材料也是教学中经常利用的教学手段之一。材料并不仅仅指一个活动中教师使用的教学材料，它也包含区域、班级、年级、园所等大环境中的材料。所以，要利用身边一切可以利用的资源来辅助教学活动，让活动材料更加丰富、多样。

C⁺课程强调，园内的一切皆是教育资源，所以，这里说的课程材料的多样化，并不特指在教学过程中所使用的材料，它还包括区域性课程材料，以及环境性课程材料。在班级选择开展主题活动之初，我们就要对班级环境创设事宜进行设想与计划,让环境也能够成为教育的一部分。比如,班级在开展"蚂蚁"主题教学时,我们能不能和幼儿一起将教室打造成一个"蚂蚁王国"呢?这种身临其境的感觉胜过任何言语的说教。同时,配合与蚂蚁相关的区域玩教具,幼儿对于蚂蚁的认知也会更深入。

六、我们如何开发和利用课程资源

幼儿园课程资源的开发和利用,对课程的实施具有重要的作用,也是课程实施的必要保障。《幼儿园教育指导纲要(试行)》中指出,应该综合开发、利用丰富的课程资源,为儿童的发展创造良好的条件,以促进儿童的全面发展。丰富的课程资源包括环境、自然、家庭、社会、儿童同伴群体,以及幼儿园教师集体等方面。建构和优化课程资源结构,将课程资源有效转化为儿童可以学习的内容、材料或环境,对构建合理的教育资源具有重要的意义。

(一)C^+课程资源分类

C^+课程强调儿童与外部世界中的其他人,如伙伴、教师、家长、社区成员等的主体间性,以系统思维来开展幼儿教育。儿童的发展离不开学校、家庭和社会,三者虽相互独立,但又相互联系。学校、家庭和社会三方面的教育对儿童身心健康发展起到了重要作用,为幼儿的可持续全面发展营造了良好的教育环境,也为后期教育奠定了良好的基础。将这三方面有机地整合,才有利于C^+课程整体功能的发挥。因此,我们从C^+课程理念和学校、家庭、社会三方面环境出发,将课程资源分为四类:空间资源、时间资源、物资资源和人力资源。

1. 空间资源

除了家庭和学校中丰富的空间资源以外,其他地区也有不同的空间资源。在城市,有更多楼房、街道、公园等生活场所,有超市、商场、医院、银行、敬老院等服务机构,有图书馆、少年宫、展览馆、博物馆、图书馆等文化空间;在郊区,有更多机会接触自然。这些都是儿童开阔视野,培养探索兴趣,提升多种经验的宝贵平台。比如,幼儿园开展关于认识图书的活动时,教师除了在班级组织关于图书的活动,也可以带领幼儿走进当地的图书馆,感受丰富多彩的图书世界,或者带领幼儿参观图书印刷厂,了解图书的制作过程。这样幼儿才能对"书"获得更多的经验,同时产生更深的兴趣与情感,这是在教室空间里所不能达到的教育效果。

在现代信息科技高速发展的环境下,网络也将成为一种无形的空间资源。它具有生动、形象、感染力强、易于激发幼儿兴趣的优势。通过网络资源,可以开拓儿童的视野,提供多元化的内容。例如,我国西部地区幼儿的生活环境中没有海洋,开展关于海洋动物的主题时,就可以利用网络收集相关信息(图片、视频、文字等),促进幼儿对海洋动物的感知,为课程提供适宜的教学资源。当然,对于网络中大量的信息,教师要具备清晰的辨别能力,筛选符合幼儿年龄特点和学习方式的准确信息。

2. 时间资源

幼儿对有些新经验需要通过一段时间的体验才能吸收和理解,所以针对不同的课程内容,教师要合理地安排课程实施的时间,而不要只追求"量"而忽视了"质"。时间是课程设计的重要考量维度,30分钟能够完成的目标与3个月甚至1年能够完成的目标所需要调动的资源显然有所不同。C$^+$课程主张长时课程和短时课程结合使用，根据儿童发展的阶段特征和目标，合理分配活动资源。同时，C⁺课程更倡导课程设计者和实施者打破传统的时长概念，为儿童提供必要的"慢"教育，将课程内容放在更长的时段和更真实的情景中，让儿童在丰富多彩的教育生活中慢慢地体验成长。

> **案例** 我的手印日历
>
> "手印日历"是美国一所幼儿园组织的主题活动，以手为主线，将一年十二个月相结合，选择每个月中有代表性的事件来表达自己的所见所想。表6-1中是一名幼儿连续十二个月的作品。一月，用手指画来表现冬天里的雪人；二月，结合情人节用手指画来表达对朋友的爱；三月，用手指画来表现圣帕特里克节；四月，用手指画来表达复活节的兔子；五月，用手指画来表达自己看见的五颜六色的花；六月，用手指画来表达太阳带来的温暖；七月，用手指画来表现美国国旗；八月，用手指画来表达自己到海边游玩时看见螃蟹；九月，用手指画来纪念回到学校的日子；十月，用手指画来表达万圣节的南瓜和巫婆；十一月，用手指画来表达感恩节中的印第安人；十二月，用手指画来表达圣诞树。在这一年的时间里，幼儿用手来表现生活的点点滴滴，用自己的视角去表达，不仅了解和体验了当地文化，也充分挖掘了时间资源中的不同价值。教师尊重幼儿的成长速度，让幼儿在时间的流逝中慢慢地长大。

表6-1 "手印日历"记录表

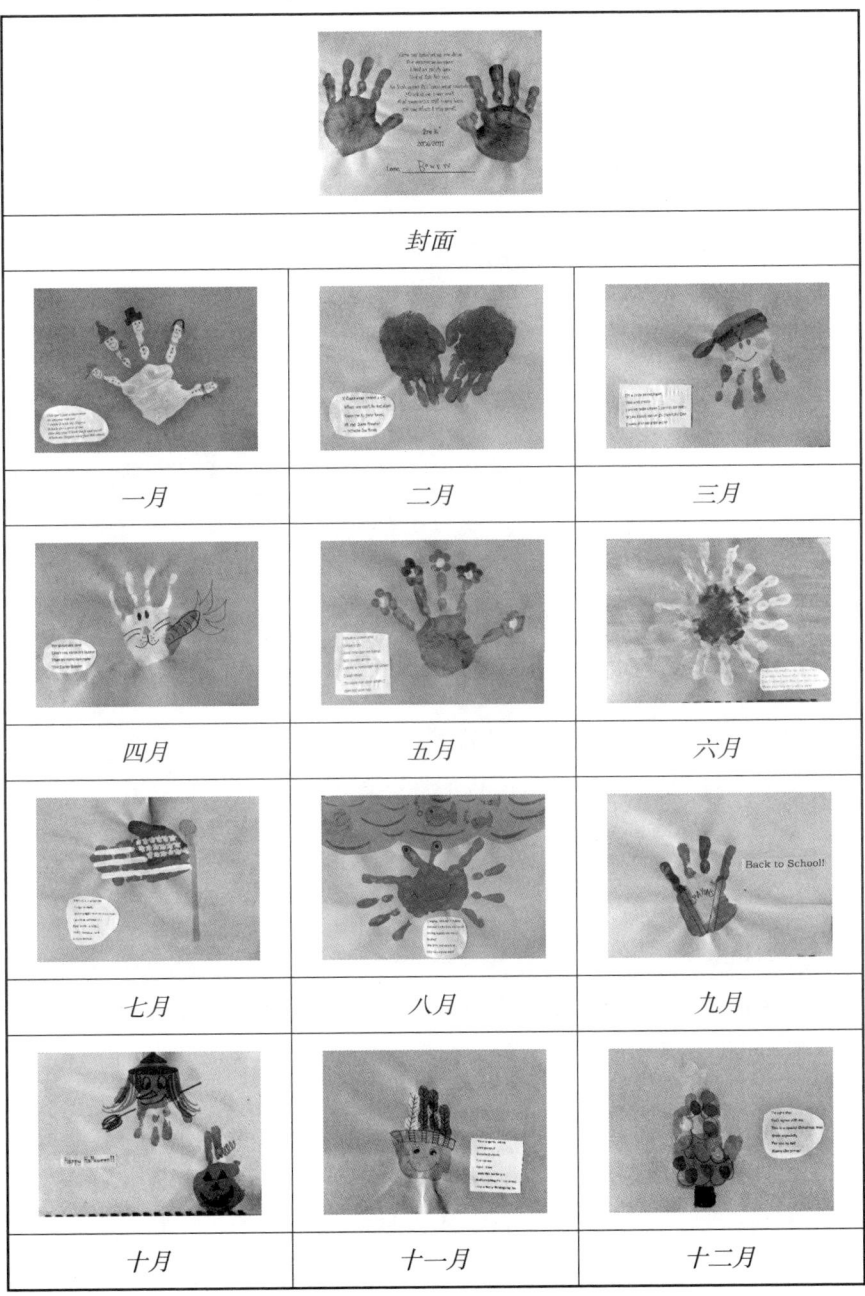

从另一个角度来看，时间资源还包含了与时间相关的季节、节日、节气等内容。这些资源丰富多元，蕴含浓厚的本土文化。充分地挖掘这些资源不仅能让课程内容更加丰富，而且能让幼儿园课程凸显本土化的特点，更体现了传承国家文化遗产的精神。教师在挖掘这些时间资源时，必须对幼儿的身心发展起到和谐、积极、正面的教育作用，激发幼儿对课程内容的探究欲望。

> **案例　春分的习俗**
>
> 很多幼儿园都将二十四节气作为幼儿园的课程内容之一，让幼儿了解节气与气候的变化，节气与习俗的关系，节气与生活的联系等。但是，对不同年龄段的幼儿来说，他们对节气的认识的侧重点也会有所不同。如对春分这一节气，小班幼儿主要能够感受一下春分的简单习俗（如吃春菜、放风筝等等），教师可以开展认识春菜、认识风筝、放风筝等主题活动；到了中班，可以让幼儿感知、了解春分与气温的变化，春分的习俗（如立鸡蛋、吃春菜、放风筝），开展相应的主题活动，如让幼儿记录从春分到清明这段时间气温的变化，让幼儿探索春分立鸡蛋的习俗以及立鸡蛋的方法，让幼儿采摘野菜，制作风筝等；到了大班，就需要深入挖掘适合大班的教育资源，如春分时节身体需要注意的地方（防止腹泻、感冒等），春分与种植，春分立鸡蛋的奥秘，探索风筝如何飞得高等。

3. 物质资源

我国土地广袤，矿产丰富，不同地区有不同的自然特点。山川河流、动植物、矿物质等构成的自然资源，都可以成为活教材。如本课程中,"我和家乡"的课程目标中提到"喜欢亲近家乡的自然环境"。我们就可以利用自然资源,因地制宜,就地取材,创设具有本地特色的园所环境,运用自然材料来开展教育活动,使孩子们获得真实的感受和丰富的知识,创设独特的学习方式。

物质资源丰富繁杂,不是所有的物质资源都能成为幼儿园的课程资源。要将物质资源变为有效的课程资源,必须对物资资源进行有目的的收集、筛选、分析和整理。中国浙江省安吉县的"安吉游戏"风靡全国幼教界,被称为"中国式的瑞吉欧",那里的幼儿能够自主、快乐、开放地游戏,正是因为安吉乡土课程资源的有效开发。安吉县被誉为"中国竹乡",安吉幼儿园的教师充分挖掘本土丰富的课程资源,大量使用竹梯、竹筒、木块、树墩等以竹子为原材料的活动器材,将这些丰富的乡土资源与教育性、文化性和游戏性相结合,渗透在幼儿园的课程中,幼儿们充分享受自然资源的乐趣,享受自主游戏的乐趣。[1]

| 案例 | 秋天的树叶 |

秋天到了,各种树叶变红变黄,有些树叶开始纷纷飘落下来。这些树叶就可以成为课程中最好的资源。教师可以让幼儿收集树叶,在收集树叶的过程中认识不同树叶的名称,观察比较树叶的不同特征,根据树叶的不同特点整理分类。收集来的树叶还可以投放到各个区域。例如,在美工区,幼儿可以用树叶进行粘贴、手工创意等美术活动;在科学区,幼儿可以用树叶提取叶绿素、叶黄素、叶红素,也可以做叶脉书签,树叶保存等试验;在

---

[1] 代亚梅,邱学青.对安吉游戏的理性思考[J].幼儿教育研究,2016(01):50-52+59.

图书区，幼儿可以自制树叶图书；在数学区，教师可以用不同树叶做树叶图形配对玩教具，也可做不同树叶数量守恒玩教具；在生活区，教师可以让幼儿用树叶进行卷、撕、切等游戏；在餐厅角色区，幼儿可以用树叶当各种各样的菜；在户外，教师可以组织幼儿踩树叶，进行"树叶雨"等游戏，引导幼儿感受秋天特有的声音，发展幼儿的肢体动作。总之，任何一种物质资源只要能与课程有机结合，就是课程最好的材料，幼儿也会非常感兴趣。

（本案例由童乐行教育胡晋老师提供）

4. 人力资源

正如前文所言，学前教育的重要使命是在儿童与儿童、儿童与成人的社会交往过程中，帮助个体提高生命质量和提升生命价值。因此，人力资源是课程开发和设计中必不可少的重要考量。不论是家长、教师，还是社区中的专业人员，都是儿童可能交往的对象。将他们纳入课程资源开发的范畴，不仅可以帮助C+课程创设真实的情景，同时也带来不同的思维方式和生活经验。C+课程还强调多元、包容、开放，学前阶段让幼儿接触不同种族、不同民族、不同职业的人，可以让幼儿形成一种包容与开明的价值态度。只有充分挖掘不同人力资源的独特或专业之处，甚至邀请专业人士参与课程的研发过程，充分发挥他们的聪明才智，才能使人力资源产生有效的价值。

案例 角色区"三环医院"

某大班开设了角色区"三环医院"。最初，角色区有挂号室、药房和诊所（西医）。经过一段时间的游戏，大班幼儿乐乐在一次谈话中说到，妈妈带他去医院看病，医生只是看看舌头和摸摸手,并不像我们拿电筒看,或者是用听诊器听身体。这个话题很快引起了大家的讨论,有的小朋友知道这是中医,他们还提议我们的"三环医院"也可像中医一样看病。为了让幼儿能清楚地了解中医与西医不同的诊病方式,教师发动家长,把中医和西医请进班级,同时还联系社区医院,组织家长志愿者,带着幼儿分组参观社区医院里中医和西医诊病的经过。慢慢地,幼儿对中西医不同的诊病方法有所了解,还知道现在的中西医都在相互学习,取长补短。回班后,幼儿主动提出,班级的"三环医院"还需要增加按摩室、照片室等。正是由于教师充分利用人力资源来支持课程的实施,幼儿在活动中才会有浓厚的兴趣,以至于他们在班级的"三环医院"中更加有模有样地参与体验这些角色游戏。

(本案例由童乐行教育胡晋老师提供)

总之,课程资源是幼儿园课程实施的重要载体和有效途径。在合理有效地开发和利用各种资源的过程中,建立幼儿园课程资源库,能更好地满足儿童发展的需要,为教师工作的有效性、专业性提供支持。

(二)C$^+$课程资源的开发与利用

现代社会中的资源纷繁多样,但不是任何资源都可以成为C$^+$课程的资源。如何选择、收集、利用资源,将资源与C$^+$课程有机地结合,为C$^+$课程的实施起到更好的作用,教育者们必须进行深入思考,进行有目的的分析、筛选、整理和利用。

C$^+$课程资源的开发与利用需要遵循三条逻辑:第一,资源是为儿童提供体验和探索的手段;第二,资源是儿童获得直接经验和间接经验的途径;第三,资源要为营造安全、丰富、适宜的课程环境提供条件。这三条逻辑是提高幼儿园C⁺课程资源开发与利用效率的依据。

C⁺课程资源开发与利用的实施步骤分为四步。

第一步,明确课程资源范畴。

第二步,收集、筛选课程资源。

第三步,课程资源优化、整合。

第四步,编排、利用课程资源。

1. 明确课程资源范畴

课程资源必须与课程内容、目标紧密联系,高度配合,同时还要考虑儿童的特点,才能获得有效的教育价值。在对课程目标、内容清晰了解的基础上,确定了儿童的特点,就要考虑与课程相关的资源范畴,这时,教师可以从空间资源、时间资源、物资资源、人力资源四个方面进行考虑,为课程资源的收集和筛选做好充分的准备。

> **案例** 主题活动"可爱的小兔子"
>
> 某小班在开展主题活动"可爱的小兔子"前,教师先从三个方面考虑了幼儿的发展目标:第一,了解兔子的外形特征及形态;第二,初步了解兔子的饮食和习性;第三,激发爱护动物的情感。通过制订这三个目标,考虑小班幼儿的学习特点,教师明确了本主题的资源范畴。例如,在幼儿园选择一个可以养殖兔子的区域,设置幼儿每天观察兔子的时间段,带领幼儿到动物园观看各种兔子,联系动物专家走进课程,收集有关兔子的图书和装

饰品，收集有关兔子的音乐、童谣和手指游戏等。这些，都可以成为主题活动的资源。

（本案例由乐融儿童之家高君老师提供）

2. 收集、筛选课程资源

在收集课程资源时，要尽量调动可以调动的一切人力资源，比如教师、园长、家长、幼儿、保健人员、门卫、朋友等。这样收集的资源会更加丰富多样，教师的选择会更多，同时也便于教师能从众多的资源中选取更为适宜的课程资源。

课程相关资源的收集工作完成后，需要对资源进行筛选。筛选之前，要对收集到的资源进行分类、整理。这对后期资源的利用会起到事半功倍的效果。比如幼儿逛完庙会后总是谈论一些有趣的北京特色习俗，这时，教师可以收集这方面的内容，并进行分类整理，见表6-2。

表6-2　课程资源分类表

资源分类	资　源　内　容
饮食	艾窝窝、驴打滚、烤鸭、冰糖葫芦、茶汤……
建筑	故宫、胡同、庙宇、教堂……
艺术	兔爷、京剧、面人、毛猴……
其他	卖蝈蝈、盘手串、跑旱船……

其实，教师在收集资源时，已对其潜在的课程价值进行了大致判断。但是，这还不足以将收集到的资源转化为有效的课程资源。面对包罗万象的资源时，教师需要考虑的是现阶段儿童的学习方式以及他们的个体差异，从中筛选出部分资源成为课程资源。

筛选资源有以下四条标准。

（1）能使幼儿感兴趣

要使幼儿对事物感兴趣，就要先让他们充满好奇心，这样，他们才愿意积极主动地探索课程资源，才能与课程产生互动。

（2）能够促进幼儿经验的迁移

幼儿的发展需要靠经验的积累。积累经验的过程是幼儿将已有经验与新经验进行连接。在这个过程中，幼儿必然会进行积极的反思。教师可以通过与幼儿深入聊天，或者观察幼儿的行为知道幼儿的兴趣点和已有的经验，然后通过课程资源为幼儿架起经验迁移的桥梁。

（3）便于幼儿体验和操作

幼儿需要通过与真实的人、事、物进行互动，通过交往、体验、摆弄、操作等，才能获得真实的、有情感的、能够改变未来行动的经验。在选择合适的资源时，教师需要给幼儿以经验和能力的支持。比如，幼儿编织活动中，大多数幼儿的小肌肉发展还不是很好，教师应该选择较为柔软的材料。

（4）包含多个目标，能随时或多次使用

幼儿的发展是全面多样的，包含不同目标的课程资源能为幼儿提供多样的探索机会。不同的幼儿获得经验的途径有所差别，有的幼儿可能通过一两次操作与体验就能获得真实的经验，而有的幼儿可能要通过三四次甚至更多次操作与体验，才能获得真实的经验。所以，资源要尽量能够做到随时或多次使用，这样也能降低资源的成本和提高效率。例如，同样是为发展幼儿对物体的塑形能力，玩泥巴和玩彩泥相比，显然玩泥巴要比彩泥好得多。泥巴是一种便宜和随手可得的资源，不仅能锻炼幼儿的塑形能力，也能让幼儿探索水与泥不同比例的混合所带来的不同效果，还能探索泥巴里的其他自然物等，这是彩泥所不能替代的。

3. 课程资源优化和整合

完成资源的收集和筛选后，就可以对资源进行优化和整合。这也是真正将资源转化为课程资源的重要环节，以支持课程更好地实施。

幼儿园课程资源的优化从以下两个方面进行。

（1）内容优化

将资源内容转化为幼儿能理解、能接受的内容。比如，针对收集到的科普资料，教师要将其中的一些科学术语转化成幼儿能听得懂的语言。

（2）形式优化

例如，教师收集了大量关于春季里鲜花的资料，为了提高材料的趣味性，教师把一部分图片装订成册，投放到图书区，供幼儿随时阅览，同时把另一部分图片做成益智区教具，让幼儿找不同。这样，资源变得更加有趣味性和实用性，资源的价值也得到充分发挥。值得注意的是，在优化资源时，还需要考虑安全性。

资源整合就是把不同类型、不同性质的资源根据一定需要加以组合，成为整体，以突破个体资源的功能和价值。整合课程资源的目的就是结合幼儿的成长需要、学习规律、认知特点，将精心筛选的资源相互渗透、相互联系、相互作用，以促进幼儿的发展。

> **案例** "玩转纸箱"活动
>
> 纸箱、纸盒是我们生活中十分常见的物品，在幼儿园中，我们更是时常进行废旧材料再利用，使其重新成为装饰品、玩具等。但这一次，中班孩子们作为纸箱游戏的发起人，赋予了它新的游戏方式，更打破了教师对纸箱游戏的已有了解。

由于幼儿带来的纸箱大小、厚度、样式不一样,教师带领幼儿充分讨论了玩纸箱的场地、粘贴工具、制作方式、制作步骤等。在幼儿尝试体验游戏的过程中,教师没有限制幼儿在活动中出现的任何想法。有些幼儿将游戏场地搬到了幼儿园的户外,在搭建纸箱迷宫和纸箱游乐城时,他们还用到了户外的一些材料,例如,木梯子、垫子、轮胎等。在这一系列的游戏中,孩子们从开始的兴趣盎然,到后面遇到困难、进行讨论、开始合作……教师充分地给孩子自由探索的平台,整个过程中没有给出直接的具体的指导,而是作为幼儿的支持者和引导者,鼓励幼儿在探索中学着思考,学着自我发现,体验着成功的喜悦。教师很重视活动结束后的分享环节,短短的十几分钟里,孩子们交流的是成功的经验,思考的是新的问题,找到的是好的办法。虽然每次活动中,孩子们都会出现各种新问题,但是在不断的尝试后,孩子们已经具备了勇于面对难题的品质。

(本案例由北京市丰台区丰台第一幼儿园彭昊老师提供)

4. 编排和利用课程资源

C^+课程原则中提到融合性,这是指课程资源需要融合幼儿园的各种活动,在课程实施过程中让幼儿感知、触碰、接受、学习。幼儿园活动形式多种多样,有主题活动、单一活动、区域活动、户外活动等。课程资源的编排、利用需要根据不同的活动形式和内容进行恰当的融合和渗透,而不能将资源强塞到课程中,这不利于幼儿主动地学习和接受。

(1)主题活动中课程资源的编排与利用

幼儿园的主题活动是以一个"主题"为核心展开的整合性系列活

动。幼儿在主题活动中,既要促进本身的横向发展,又要促进各领域经验的纵向发展。在主题活动中,幼儿获得的经验与信息是相对集中的。教师在编排和利用主题活动资源时,最好形成系列性。这样,就能促进幼儿循序渐进地发展,不断提高幼儿的探究兴趣和能力。

> **案例** 有关"树"的主题
>
> 大班幼儿准备开展有关"树"的主题活动。教师在编排和利用资源时,可以从幼儿活动半径以内的资源向幼儿活动半径以外的资源过渡。例如,可以让幼儿先对幼儿园里的树进行观察、比较、探究,再在从家到幼儿园的路程范围内进行观察、比较、探究,最后探究自己家乡其他的树。教师也可以先从实物资源向资料类资源过渡,如先让幼儿与不同种类的树进行互动,去感知、去体验、去探究,然后再根据幼儿的兴趣和需要收集与"树"相关的图书、音乐、视频,促进幼儿继续探究的兴趣和能力。
>
> (本案例由北京伊顿国际幼儿园桑媛老师提供)

(2)单一活动中课程资源的编排与利用

幼儿园的单一活动不像主题活动那样紧密联系。它可能是某一个领域下的教育活动或者是某个活动之外的延伸活动。这样的活动中,只需要将资源与某一领域或某一内容融合就行。

(3)区域活动中课程资源的编排与利用

幼儿园的区域活动是幼儿主要的自主活动形式之一。它能弥补其他教育活动的局限性,也能给幼儿提供轻松自由的空间,满足幼儿个性化发展的需要。幼儿可以自主地选择各种各样的区域,如益智区、美工区、娃娃家、语言区、建构区、科学区、植物角、图书区等。这就要求教师保证每一种课程资源都能发挥更多的教育价值和教育功能，这些课程资源的编排与利用要结合幼儿当下的兴趣、爱好、需求以及教育目标等。一旦活动区的某些课程资源与这些要求不符时，教师就要进行及时的调整。

> **案例** "扑克牌"主题下的区域材料设计
>
> 某中班开展了主题活动"有趣的扑克牌"。在这段时间内，很多区域活动材料都是围绕"扑克牌"的元素来设置的。例如，教师在美工区投放了扑克牌大小的硬卡纸，让幼儿可以设计"自己的扑克牌"，还提供了扑克牌中的图案元素，让幼儿可以利用这些材料自由创作美工作品。教师在数学区投放了可以进行5以内点数的扑克牌玩具（将扑克牌数字和图案分类进行配对），以及可以进行数量排序、比较大小的玩教具。教师也在益智区投放了扑克牌找不同的玩具、扑克牌图案拼图、扑克牌游戏棋等。图书区收集了一些关于扑克牌的书籍。同时，教师还创设了扑克牌创意区，里面大量投放各个国家、不同款式、不同大小的扑克牌，让幼儿可以利用扑克牌设计自己的游戏。
>
> 整个主题活动结束后，幼儿会对有些区域的扑克牌玩具慢慢失去兴趣。这时，教师就需要找其他玩具进行代替。如果有些玩具还能吸引幼儿浓厚的兴趣，则仍然可以保留，或者在其基础上增加一点难度。

（三）幼儿园课程资源管理

由于幼儿园没有资源回收制度，因此，每年都需要重复制作与课程相配套的教学具，浪费了不少人力、物力和财力。改变这一现状的办法就是对课程资源进行有效管理。

第一步，收集整理课程资源。将课程资源进行分类整理，可以按年段分类，也可以按活动形式分类，还可以按资源的类别分类。把这些资源进行统一编码，登记入册，以便以后查找。在收集这些课程资源时，我们尽量选择可以重复使用、有借鉴价值、便于储存的资源。

第二步，加工存放课程资源。为了方便课程资源的长期储存，我们对于有些资源要进行信息化处理，或是转为图片，或是转为视频，或是转为文字等。这样，既能节省存储空间，也能更快捷地提取相关资源。

第三步，提取传递课程资源。有教师想要借用相关资源时，需要进行登记，同时，可以根据不同资源制订借用期限，以保证资源充分发挥作用，也避免资源的丢失。

为了进行课程资源的科学管理，幼儿园需要设置教师资料室、电子库、材料室等，并安排专人管理，完善相关制度。

七、我们如何开展课程评价

（一）课程评价的目的

国际幼儿园进行课程评价的目的在于了解课程的适宜性、有效性，以便调整、改善课程，提高幼儿园教育质量。幼儿园管理人员、教师、儿童和家长都是幼儿园课程的评价者，他们相互支持和合作，以达到对3—6岁儿童发展状况和教育效果的全面了解。

（二）课程评价的内容

课程评价的内容分为三个部分：课程方案评价、课程实施评价和儿童发展（课程效果）评价（如图7-1所示）。

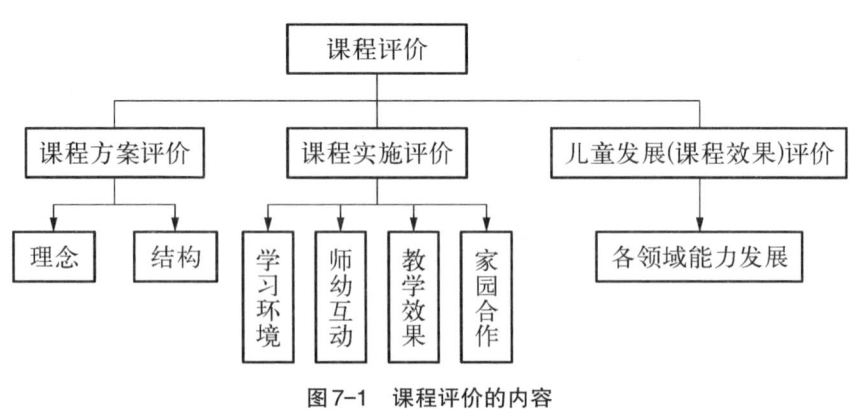

图7-1　课程评价的内容

课程方案评价是在课程实施之前，教育主管部门或幼儿园在比较、选择课程时，对课程方案的理念、结构等要素的科学性、合理性、可操作性等特点进行分析和判断。比如：课程理念是否以幼儿为主体，促进幼儿全面发展；课程结构是否完整合理；课程目标是否具体、明确；课程内容是否符合幼儿的年龄水平和学习需求；活动准备是否丰富、充分，体现可操作性；课程的各种成分是否在课程理念的统合之下形成一个协调的整体，等等。

课程实施评价是整个课程评价的中心内容，目的是诊断与修订课程。

课程实施评价的主要内容包括：幼儿在课程活动中的反应，如幼儿的主动性、参与程度、情绪等；教师的态度和行为，如教师的管理方式、教育机智和技巧等；师幼互动的质量；学习环境的创设和利用；家园合作的程度等。

幼儿的身心发展特点和学习特点决定了幼儿教育必须是整体性的教育。因此，儿童发展评价是课程实施结束后对幼儿各领域发展状况作出的评价，目的是通过幼儿发展状况来了解课程目标与幼儿发展水平的契合程度，判断课程的成效，最终以调整教育内容、优化教育行为，促进幼儿整体、和谐的发展。

（三）课程评价的原则

1. 思想科学性

国际幼儿园课程评价的指导精神、原则要和《幼儿园教育指导纲要（试行）》《3—6岁儿童学习与发展指南》相一致，评价标准和指标保持开放性，及时吸纳国际最新研究成果。

> **链接** 《幼儿园教育指导纲要（试行）》第四部分　教育评价[1]

一、教育评价是幼儿园教育工作的重要组成部分，是了解教育的适宜性、有效性，调整和改进工作，促进每一个幼儿发展，提高教育质量的必要手段。

二、管理人员、教师、幼儿及其家长均是幼儿园教育评价工作的参与者。评价过程是各方共同参与、相互支持与合作的过程。

三、评价的过程，是教师运用专业知识审视教育实践，发现、分析、研究、解决问题的过程，也是其自我成长的重要途径。

四、幼儿园教育工作评价实行以教师自评为主，园长以及有关管理人员、其他教师和家长等参与评价的制度。

五、评价应自然地伴随着整个教育过程进行。综合采用观察、谈话、作品分析等多种方法。

六、幼儿的行为表现和发展变化具有重要的评价意义，教师应视之为重要的评价信息和改进工作的依据。

七、教育工作评价宜重点考察以下方面：

（一）教育计划和教育活动的目标是否建立在了解本班幼儿现状的基础上。

（二）教育的内容、方式、策略、环境条件是否能调动幼儿学习的积极性。

（三）教育过程是否能为幼儿提供有益的学习经验，并符合

---

[1] 中华人民共和国教育部.幼儿园教育指导纲要（试行）[M].北京：北京师范大学出版社，2001.

其发展需要。

（四）教育内容、要求能否兼顾群体需要和个体差异，使每个幼儿都能得到发展，都有成功感。

（五）教师的指导是否有利于幼儿主动、有效地学习。

八、对幼儿发展状况的评估，要注意：

（一）明确评价的目的是了解幼儿的发展需要，以便提供更加适宜的帮助和指导。

（二）全面了解幼儿的发展状况，防止片面性，尤其要避免只重知识和技能，忽略情感、社会性和实际能力的倾向。

（三）在日常活动与教育教学过程中采用自然的方法进行。平时观察所获的具有典型意义的幼儿行为表现和所积累的各种作品等，是评价的重要依据。

（四）承认和关注幼儿的个体差异，避免用划一的标准评价不同的幼儿，在幼儿面前慎用横向的比较。

（五）以发展的眼光看待幼儿，既要了解现有水平，更要关注其发展的速度、特点和倾向等。

2. 内容全面性

课程评价要全面，要全面了解儿童发展状况，避免只重视知识技能，忽略情感、社会性和实际能力发展的倾向。例如，单从儿童发展的角度来看美术活动的评价内容就非常多样。在日常美术活动中，教师往往针对儿童的创作成果作出最直观的评价，然而儿童在作品中表现出来的经验、情感、品质常常更胜于作品本身。为此，我们只有进行全面的分析评价，才能更好地了解儿童，推进课程（如图7-2所示）。

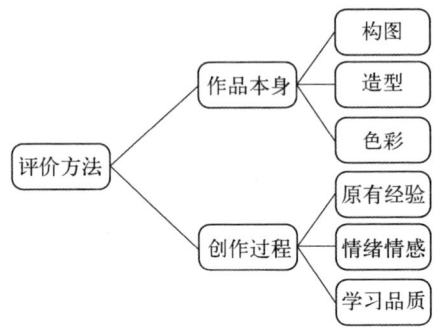

图7-2 课程评价图

案例 主题课程"快乐的一天"中的绘画活动

格格先在纸的上端画出蓝色波浪线（表示天空）；接着在纸的下端画出绿色短线（表示草地），然后在短线间隔处继续添画绿色短线；之后在纸的中心偏左画出了三个人物，每一个人物的耳朵和衣饰都用了不同的颜色，头发都一根一根地描画出来。此时，有两位小朋友过来询问她画的是什么。格格只回答："这是男的。"之后，便没有再交流。后来，格格又在纸的右侧画了方形（表示椅子），用两种颜色交替在方形上画出条纹；又用蓝色短线画满整个画面（表示雨）；最后，用黑色短线覆盖绿线（脏雨水）。整个绘画过程中，格格都会把笔帽插在笔尾，用后收整。

评价：

构图特点：地平线画法；造型：十字形人物画法；色彩：频繁更换颜色阶段；原有经验：遵从时间顺序；情绪情感：愉悦满足；学习品质：专注，不受干扰，观察仔细，关注细节，习惯良好。

建议：

在构图和造型上可以让幼儿感受画法的多样性，对于幼儿良好的情绪和品质要保护和鼓励，进一步引导幼儿关注人物情绪，并能体现出来。

（本案例由童乐行教育王莹老师提供）

3. 纵向发展性

对课程方案、课程实施过程的评价，要注重活动的前后变化，发挥其诊断、改进课程的作用。对儿童进行评价时，承认和尊重儿童的个体差异，注重将儿童现在的状况与早期的表现进行比较，让他们看到自己的进步和发展，增强自信心，避免在不同儿童之间进行横向比较。

> **案例** "玩彩泥"主题活动
> ——观察幼儿在手工能力发展阶段的连续变化

活动初期，孩子们只是没有目的地玩耍。在反复拍打、切碎、捏压……后，孩子们逐渐能运用双手配合制作出圆形。孩子们通过与材料的积极互动充分感受了材料的触感，积累了动作和形状变化之间的经验，为之后有目的地进行创作作了良好的铺垫。

一段时间后，孩子们用彩泥制作出简单的图形，开始有目的地进行创作。开放性的材料激发了幼儿大胆尝试的兴趣，他们很快便可以利用多种材料表现自己的创作意图。这说明幼儿已从玩耍阶段，开始进入直觉表现基本形状阶段。

（本案例由童乐行教育王莹老师提供）

> **案例** "我自己"主题活动
> ——坚持一段时间的连续观察

同一幼儿在学年初、学年中和学年末分别画了三幅自画像。

从三幅自画像中能清晰地看出这名幼儿画的人从不完整到完整，最后到精细的过程，说明幼儿对人的认识越来越清晰；也能看出幼儿在美术技能上的不断进步和发展。在学年初和学年中被问到创作思路时，幼儿的答案很简单，就是"喜欢"，而到了学年末，她已经能表达很多，如"我觉得头上有红发卡会更好看""女孩的头发卷一点会很美"等。这一方面体现了幼儿表达能力的提升，另一方面也说明她对美的感知越来越清楚、具体。

这些评价是通过对她三个时间段不同作品的比较观察得出的。如果我们只看其中的一个作品就很难给出这样的评价。只有通过长期的收集，我们的评价才有依据，才能客观科学。

（本案例由童乐行教育王莹老师提供）

4. 自然情境性

评价在日常生活和教育活动过程中进行，无需创设特殊的情境，要让教师和儿童感到舒适自然，没有压力，展现最真实的状态。特别需要强调的是：教师要相信幼儿是有能力的个体，在活动中可以自己计划、实施和总结自己的活动。不然，很有可能变成在教师的规定下，用固定主题、材料和做法开展活动，幼儿只能掌握教师提供的有限经验。

5. 主体多元性

教师是课程评价的主体。教师需要运用专业知识审视教育实践，发现、分析、研究、解决问题，提高活动质量。园长和其他教师共同参与评价，发挥教师群体内部评价的作用。儿童通过自己的行为反应和发展变化来表达对课程的看法。管理部门、家长作为外部评价者，出于不同的目的和立场也会进行评价。这些都构成了课程评价信息的重要来源（如图7-3所示）。

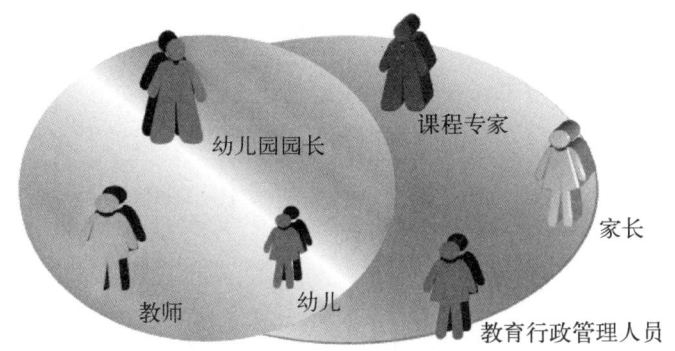

图 7-3 评价主体图

（四）课程评价的标准

1. 课程方案评价标准

（1）课程方案的整体设计是否体现了国际幼儿园的儿童观、教育观和价值观？

（2）儿童对课程感兴趣吗？课程内容是否体现了启蒙性、基础性，是否与儿童的生活密切相关？

（3）课程是否以儿童现在的知识和技能为基础，并能促进他们的进一步发展？

（4）课程是否具有国际视野？能否促进儿童认识和了解多元文化？

（5）课程对教师专业水平构成的挑战是否可以接受？需要的物质材料是否容易获得？

（6）课程方案的内部结构是否完整？一日活动安排及各种活动的时间比例是否科学合理？

当然，课程方案评价中，对教育管理者和教师的能力也有一定要求。

教育管理者需要具备以下能力：

（1）能针对课程开发中有关师生发展水平、需求状况、资源基础和政策宽度等方面作出综合判断。

（2）能判断课程方案的构成部分、构成要素、活动安排是否合理。

（3）能对编制和设计出的课程方案质量作出全面判断。

教师需要具备以下能力：

（1）了解幼儿的年龄发展特点。

（2）发现贴近幼儿生活的内容。

（3）寻找活动所需的各种资源。

（4）其他的专业综合能力。

2. 课程实施评价标准

（1）幼儿园环境创设是否安全、温馨、优美？是否对儿童有吸引力？

（2）活动区的规划是否合理？空间是否适宜？是否能做到既不相互干扰又能随时开展交往？

（3）玩具、材料是否充足？是否方便儿童主动拿取？

（4）师幼之间的互动关系是否是温馨的、具有支持性的？

（5）教师是否经常意识到有些儿童需要额外的支持、帮助或注意？是否对儿童自主性以及具有领导力的表现予以支持？

（6）教师是否为儿童提供了丰富的活动，并且能够高效地进行班级管理？

（7）教师是否经常组织能够鼓励儿童进行分析和推理的讨论？是否为儿童提供发挥创造力和形成自己想法的机会？

（8）儿童是否一贯性地表现出对活动的兴趣以及积极的参与？

（9）儿童是否经常表现出不良行为？是如何解决矛盾冲突的？

（10）教师能否认真倾听家长的想法，采纳合理建议？家长资源是否得到充分利用？

3. 针对课程实施评价标准的几点建议

（1）重视环境创设在课程中的作用

将凸显互动性、整合性、适宜性等环境的核心价值作为环境创设中遵循的基本原则，通过全方位丰富的环境创设，深化幼儿经验。

（2）主题墙评价的方向

① 主题墙创设方面如何体现适宜性、探究性？

② 如何让主题墙成为幼儿喜欢欣赏、交流、互动的地方？

③ 主题墙材料如何促进幼儿经验的梳理和兴趣的激发？

④ 如何体现主题环境之间的整合性？

⑤ 主题墙材料如何再利用？

（3）区域环境评价的方向

① 区域环境创设与材料提供如何体现动态性与连续性？

② 幼儿喜欢某个区域的原因？幼儿不喜欢某个区域的原因？如何调整？调整效果如何？

③ 如何创设特色区域墙饰？效果如何？

（4）主题课程综合评价方向

① 选题是否是幼儿自发活动的兴趣和关注点？是否具有探究的价值？即能否进行深入的探究活动，是否能满足幼儿发展的需要。

② 目标是否依据本年龄段幼儿的发展水平和本班幼儿的实际发展情况？是否具体明确？活动过程中，教师要随时思考：活动能达成什么样的目标，对孩子的发展有什么作用。

③ 内容是否紧扣主题？是否符合幼儿的兴趣需要和年龄特点，不脱离幼儿的生活、经验和接受水平？是否能兼顾预设和生成，灵活

把握教育契机？是否具有内在的逻辑关系，互相依赖，活动之间承上启下？是否注重利用园内及周边资源？

④ 主题课程的实施过程是否思路清晰、层次清晰？是否能兼顾不同发展水平的幼儿？是否在内容、形式和材料的选择上都具有多样性，适合课程内容？

⑤ 教师能否充分调动幼儿的主动性，使幼儿积极主动地参与到活动中？比如，教师是否给予幼儿机会自己决定活动的进程，启发幼儿积极主动地提问题、想办法等。教师是否能引导幼儿积极思考问题并展开探究活动？这具体是指教师的提问是否明确具体，是否具有启发性、层次性。教师能否给幼儿适宜的支持和帮助？这具体包括：教师能否适时地为幼儿的探究活动提供适宜的材料、空间、时间等；对于幼儿经验、认识、能力上的困难，教师能否给予及时的帮助和鼓励；对于幼儿的积极表现，教师能否给予适当的肯定等。教师能否引导幼儿对探究活动进行总结、归纳和概括，使幼儿零散的知识、经验系统化，培养幼儿思维的完整性和逻辑性？是否在课程开展过程中随时进行分析反思？

⑥ 幼儿在课程中能否做到积极参与、思维活跃？是否表现出自主自信与良好的学习品质？是否得到了发展？（见表7-1）

表7-1 课程实施的综合评价表

评价模块	具体评价内容	非常符合	符合	不符合	建议
教育环境	1. 整体环境符合本班幼儿的年龄特点。				
	2. 环境、材料体现课程目标及教育内容。				
	3. 课程环境能与幼儿互动，对幼儿的活动能起到引领、提示等支持作用。				

（续表）

评价模块	具体评价内容	非常符合	符合	不符合	建议
课程目标	1. 目标清晰、明确，可操作。				
	2. 目标符合本班幼儿的年龄特点和实际水平。				
	3. 目标在各项计划中层层落实。				
	4. 目标在各类活动中有效落实。				
	5. 目标涵盖各领域，引导幼儿的全面发展。				
课程内容	1. 内容符合本班幼儿的年龄特点和实际水平。				
	2. 内容符合幼儿的兴趣、贴近幼儿的生活。				
	3. 内容认真落实教育目标。				
	4. 内容兼顾各领域的平衡。				
	5. 内容兼顾预设和生成，灵活把握教育契机。				
	6. 内容层层递进、前后呼应。				
	7. 内容能被幼儿理解，并有一定的挑战性。				
	8. 物质准备能满足教育活动的需要。				
	9. 内容注重利用园内及周边资源。				
教育过程	1. 活动过程思路清晰、层次清晰。				
	2. 活动过程兼顾不同发展水平的幼儿。				
	3. 活动过程具有启发性。				
	4. 组织形式适合课程内容。				
	5. 组织形式多样化。				
	6. 教育方法与本班幼儿的年龄特点相适宜。				

（续表）

评价模块	具体评价内容	非常符合	符合	不符合	建议
教师	1. 教师能认真准备课程计划，对教育过程有充分思考。				
	2. 教师能根据幼儿的反应适时调整教育活动。				
	3. 教师能用适宜的方法突出重点，突破难点。				
	4. 教师在课程中尊重幼儿的主体地位，创造适宜的条件和机会，引导幼儿深度参与课程内容。				
	5. 教师在课程开展过程中随时进行分析反思，发现问题并进行改进，推动课程的有效深入。				
幼儿	1. 幼儿在课程开展中积极、主动，思维活跃。				
	2. 幼儿在课程中自主、自信。				
	3. 幼儿在课程中有良好的学习品质。				
	4. 幼儿在课程开展中有进步、有收获。				

4. 儿童发展评价标准

结合国际幼儿园的课程目标和课程内容，可以在六个领域对儿童发展进行评价（见表7-2）。

表7-2 六大领域儿童发展评价表

领域	评 价 标 准
安全与健康	1. 能适应幼儿园的生活环境，情绪安定愉快。 2. 喜欢在自然环境中锻炼，身体能得到充分活动。在走、跑、跳、钻、爬、投掷、平衡、攀登等多种有趣的游戏活动中有一定的力量和耐力，能坚持，不怕累，动作协调、灵活。

（续表）

领域	评 价 标 准
安全与健康	3. 能形成基本的生活自理能力，会动手整理自己的生活空间，能自信地做力所能及的事。 4. 具有健康的体态，有文明的睡眠、排泄、盥洗、进餐等生活卫生习惯。 5. 能了解自己的身体器官及其功能和必要的健康常识，能配合疾病的预防和治疗。 6. 能掌握在危险场所、危机情况下应采取的行动，学会关心与保护自己。
多元化语言	1. 能认真听别人讲话，并能听懂多种常用语言，有良好的倾听习惯。 2. 具有文明的语言习惯，能用礼貌、恰当的语言与人交流，养成文明交往的习惯。 3. 在生活中能较为清楚、连贯地将所见、所闻、所做、所想的事用自己的语言表达出来，体验语言的美好和与人交流的乐趣。 4. 能在接触生活中常见的符号、标志、文字时，初步理解其表达的意思。 5. 喜欢听故事，看图书，欣赏不同的文学作品，感受语言的优美，并能创造性地表达自己的理解。 6. 具有书面表达的愿望和初步技能。
异己共生	1. 喜欢并适应群体生活，能初步形成良好的自我意识和合作意识；乐于与人交往，文明、诚实、大方；喜欢参与集体生活，体验共处的快乐。 2. 能在积极健康的亲子、师生和同伴等人际关系中获得安全感和信任感；关注与自己生活密切相关的人的情绪、情感变化，并持关心、理解和尊重的态度；愿意帮助有困难的人，有爱心、同情心，愿意与不同文化背景的人积极互动。 3. 熟悉周围的社会环境，接触不同职业的人，了解其职业与自己生活的关系，尊重他人的劳动，萌发爱劳动、爱惜物品的情感。 4. 在生活、游戏、学习活动中遵守行为规范，在良好的环境和文化熏陶中形成基本的认同感、归属感和责任感。
丰富的艺术体验	1. 喜欢自然界和生活中美的事物；乐于收集和发现美的事物、感人的事件等。 2. 喜欢欣赏不同国家的艺术作品，参与艺术活动，用自己喜欢的方式，自然、真切、大胆地表现内心的感受和体验；具有初步的艺术表现和创造能力。 3. 能在创造性游戏和其他活动中，自主选择和制作各种材料、器

（续表）

领域	评价标准
丰富的艺术体验	具，积极运用动作、表情等方式进行创造性的表现和表达，体验创造的乐趣。 4. 喜欢展示自己的作品，并能正确地评价同伴的作品。 5. 能接触、运用多种媒体和手段，扩展认知和表现能力。
探索世界	1. 喜欢了解、照顾动植物，初步认识人与自然的依存关系，热爱、亲近自然，形成珍惜自然资源、关心和保护环境的意识。 2. 喜欢接触水、土、沙、石、木等自然物质，有好奇心；愿意观察、感受季节、风、雨、雷电、雪等自然现象，了解其显著特征及与人、动植物生活的关系，求知欲强。 3. 能发现身边的科学现象，有兴趣关注、收集、交流周围环境中的信息，喜欢观察、思考、操作与实验，并愿意与同伴交流分享，萌发对科学的兴趣。 4. 能初步感知生活中数学的有用和有趣，感知数、量及数量关系，感知形状与空间关系；能用比较、分类、排序、测量、推理等简单方法探究事物。 5. 学会合理利用生活基本物品，初步了解科学技术给人们带来的方便。 6. 能在节日庆祝、参观游览和重大活动中，初步了解文化历史、景观和设施，萌发爱家乡、爱祖国的情感；接触多元文化，初步了解我国及世界不同民族的风俗文化，初步建立对不同民族风俗文化的尊重和包容意识。
未来学习品质	1. 具有好奇心和求知欲，常常问为什么，喜欢观察新事物并乐于动手探究。 2. 做事积极主动，愿意想办法，能够主动发起感兴趣的活动。 3. 有丰富的想象力和创造力，在游戏中能自编自演，在生活和学习中会用多种方法解决问题。 4. 学习专注，做事有坚持性，遇到困难不会轻易放弃。 5. 能制订简单的学习和生活计划，并能控制自己的行为，养成按计划行动的习惯。 6. 对做过的事能进行反思和评价，能发现规律和总结经验。

（五）课程评价的方法

1. 观察法

教师采用扫描观察、定点观察和追踪观察，通过儿童的日常行为反馈来了解课程的适宜性和儿童的发展水平，找出问题原因，分析发展需要，及时提出课程调整意见和建议。教师要充分运用学前教育领域通用的观察量表作为观察的工具，提高观察的信度和效度。

管理人员通过跟踪观察班级的半日活动，从教师教育理念，儿童的生活和学习习惯、社会性交往、各领域的发展等方面进行全面的了解，从班级教师的角度发现教育中存在的不足，指导教师有效调整；从全园的角度诊断课程，修整完善。**我们真实的观察包括：对动作的描述，引用所说的话，对姿势的描述，对面部表情的描述，对创作过程的描述**。透过这些真实的记录，教师再去分析儿童的发展水平、课程设置和实施有无问题，是否需要进一步指导或调整课程。

2. 成长档案和教育故事

教师在日常的自然状态下或某一特定情景中记录儿童的活动情况，并利用这些材料为每个儿童编制个人成长档案、教育故事手册，以持续记录他们在幼儿园的成长，提供符合他们发展速度和学习方式的教育指导。家长也要参与这个过程，共同传递教育理念，对教育方式进行及时地反思和改进。在编制档案和教育手册时，需要确定具体内容和范围（如，谁可以阅读，可以公开哪些内容等）。

成长档案可收入的内容包括：幼儿成长记录册首页，幼儿个人档案页，自画像，教学活动中的观察分析表，实物作品观察分析表，自然活动观察分析表，家庭表现记录分析表，幼儿发展评价标准（六大领域，不同年龄段）综合报告。

3. 调查访谈

教师可以根据评估标准制订量表，对儿童各方面的发展进行评价，发现优势和不足，也可以根据需要设计问卷，了解儿童的生活和学习经验，广泛搜集儿童的发展信息。另外，教师也可以通过对家长的集体访谈和个人访谈，更加深入地了解儿童在具体情境中的反应。在日常生活中，教师和家长都要提供时间、机会，让儿童大胆表述自己的想法和感受，注意倾听，从中了解儿童的真实想法。

八、我们如何进行课程管理

课程管理的核心是保教质量管理，课程管理水平是决定课程实施成败的关键。C⁺课程对课程管理提出以下三层课程管理建议。

（一）园级层面

在园级层面，规划和落实幼儿园整体课程，确立课程框架和组织形式，制订课程教研计划和目标，并在具体的实施过程中不断调整与完善，组织、领导全园教师进行课程研究，将课程内容与教研紧紧相扣，相关负责人要加强课程实施的监督与指导，提升课程质量。

园长或者业务园长是课程领导中的关键人物。有效地进行课程领导，将课程进行融合与开发，是对园长能力的考验，也是对园长"教育者"角色的最好诠释。园所课程的成功与否，取决于能否发挥每个人的主观能动性，这是管理者非常重要的智慧。

为此，园长或业务园长在课程管理中应掌握专业引领的几项基本原则。

1. 针对性原则

针对性原则指的是园长或业务园长根据教师群体或个体的个性特点、能力水平、经验背景，恰当地选择课程引领内容、引领形式和方法等。

2. 有序性原则

园长或业务园长要依据课程内容的热点和结构，有次序、有步骤地实施引领。

3. 协同性原则

园长或业务园长在课程管理和引领中，要与教师进行平等对话，必须互相了解并真诚地交流与沟通，尽量避免由于权力或权威关系而造成交流过程中参与主体之间的不平等。

4. 适度性原则

要求园长或业务园长对教师的指导要适合、适量，抓住最适当的时机实施管理；对教师的指导也要适合他们的能力范围，有效激发他们的实践智慧。

> **案例**　管理的核心是让课程落地
>
> 　　课程是幼儿教育的载体，是幼儿园建设和发展的核心。园长对幼儿园的领导与管理要致力于让"理想课程"在实施过程中逐步落地，发挥出课程应有的育人效果，真正促进儿童的发展。因此，园长要在宏观层面上把握好课程的内容和方向，建设好课程的支持体系；在微观层面上关注教师的教学组织行为，帮助教师有效实施课程，确保课程落地。
>
> **一、建设课程的支持体系**
>
> 　　首先，园长所秉持的教育理念，对儿童身心发展规律的认识，对课程的研究和引领体现着管理者的水平和能力。园长要把握好国家在学前教育领域的方针政策，找到影响幼儿园发展的课程核心问题，建立起骨干教师、青年教师的培养体系，为教师发展提供指导，做好教学评价和教学研究。其次，课程资源对课程

开发与实施起着重要的支撑作用，园长要对幼儿园所拥有的环境资源、物质资源、人力资源等有清晰的了解并合理利用，建立起资源对课程的支撑体系。

幼儿园的环境设置是儿童发展所依存的客观条件，儿童在园生活中获得的经验离不开环境支持。因此，园长要重视园中的环境创设，并对其有理性思考。在创设环境时，要尊重维护自然，实现人与自然、人与人、人与社会的和谐共生，通过环境帮助儿童养成可持续的生活方式，帮助儿童树立尊重、顺应、保护自然的观念，培养儿童的节约、环保意识。另外，在创设环境和提供材料时，要遵循安全性原则与有效性原则。安全性原则即园中提供的环境材料应对儿童的身心健康无害；有效性原则即园中提供的环境材料要为课程开发与实施服务，要对儿童发展起到实际作用。

二、园长有效干预教师课程落地

课程的建设过程就是教师成长和成熟的过程，是教师激发儿童主动做事的过程。课程落地的切入点在教师与儿童的日常接触中，在儿童发现和解决问题的过程中。课程的效用点点滴滴浸润在幼儿园日常生活中。因此，作为幼儿园课程建设的领导者，园长要明确，每天的工作都应围绕两件事进行：帮助课程落地，逐步实现教育与课程观念的转变。表8-1为园长的一日时间安排。

表8-1　园长的一日时间安排表

7：00—8：00	观察材料摆放与孩子户外锻炼
8：00—9：00	自由巡班，发现自身管理的不足，进行反思
9：00—11：00	进班研讨，针对课程问题"照镜子"
11：00—12：00	针对上午发现的问题做好笔记

（续表）

12:00—13:00	午餐，自由研讨
13:00—14:30	参与教研活动，观察孩子的入睡情况，开展批评与自我批评，或做自我学习摘记
14:30—16:00	保育，后勤，家长工作，教科研汇报
16:00—17:00	自由巡班，思考
17:00—18:00	总结，整理管理日记，计划次日工作，年级组长碰头会

园长在每日巡视时要思考以下问题：哪些事让自己认识到某些教育思路需要转变？如何让教育过程自然发生而不强加给孩子成人的知识体系？如何让儿童具备自主建构知识的能力？园长应将巡视的重点放在对儿童的观察上，对环境材料和活动空间的关注上，并及时发挥作用。

园长应在巡视、教研、管理、反思中发现幼儿园课程与教学过程中存在的问题。例如，未能充分利用生活背景发挥生活材料和生活事件的作用，难以产生儿童感兴趣的"真问题"；缺乏对现实教育机会的敏感把握；课程内容远离儿童生活，缺乏趣味性和综合性，不能引发儿童深入学习；教育活动形式和方法单一，忽视日常生活活动和区域活动等。这些真实存在的教学与课程问题需要园长具有正确的教育理念，细致的观察能力，善于发现问题的眼光，严谨的逻辑思考才能从幼儿园的诸多事务中被挖掘出来并予以解决。

三、园长的领导力

幼儿园的园长要具备以下领导力：园长首先要具有价值领导力，把握幼儿园的发展方向，规划发展路径，营造良好的育人文化，这是一位优秀幼儿园园长的灵魂所在；其次，园长最核心的能力是课程领导力,因此园长的管理智慧即在于宏观把握课程内容,支持鼓励教师将课程落地;除了课程领导力,园长还要拥有教学领导力,关注教师的专业发展,为教师发展提供良好的平台和充足的机会,领导好幼儿园的保育教育事务;最后,为了优化内部管理,为幼儿园的课程、教学提供保障,园长还要具备优秀的组织领导力。

一位合格的园长要成为儿童成长的引路人、启蒙者,创设独特的办园风格,善于对学前课程、幼儿发展、教育规律进行研究。在此基础上,要想成为优秀园长,更要具备以下特质:成为幼儿园文化创建的领航者、管理精英,成为课程教学设计师。

(本案例由北京市丰台区丰台第一幼儿园朱继文提供)

(二)教研层面

1. 年级组教研

结合幼儿园课程规划,年级组内教师根据儿童年龄特点把握课程的核心目标,开展年级组内的课程实践观摩,研讨课程实施过程中出现的问题,相互提出指导性意见和建议,促进课程的有效实施。

2. 学科组教研

结合幼儿园课程规划,根据学科特点,就学科体系进行深入研究,探讨教学重点、难点,并进行教学质量分析,共同研究改进教学工作的方法和措施,落实提高教学质量的有关措施。

3. 分层组教研

根据园所中不同教师的比例和专业水平现状进行分层,分别建立分层课程教研小组，借助多种形式的小组教研活动促进课程落地及教师专业发展。

在课程教研中，要注重五个关键要素。

1. 重视学习资源的提供

园所的课程管理与教研不是个人的力量，而是团队的合作学习。课程教研过程中，要注重提供丰富的学习资源，为教师共同提升经验与策略提供条件。

2. 重视自我反思和团队反思

在课程教研中，引领者应引导教师通过多种方式反思自己的教学实践、教学观念、教学行为及教学效果，进行自我剖析，形成对教学现象、教学问题独立思考的能力，使教师真正成为课程研究及专业发展的主人。

3. 重视发挥团队合作优势

课程研究是同伴互助式的团队研究活动，因此，管理者必须想方设法激发参与者各抒己见，畅所欲言，深入讨论，这对于课程的有效实施极为重要。

4. 注重总结与归纳提炼

课程教研活动最终以解决问题为目的。因此，要对活动中的信息资料进行全面地回顾、整理、归纳、分析，提炼出具有积极意义的成功经验和有效措施。

5. 注重回归实践

教研与教学实践是密不可分的，教研的主题是从实践中来的，教研的成果也必须要回到实践中去。教师后续的实践探索是检验问题解决办法有效性和可行性的必要环节。

（三）班级层面

执行课程的实施策略，合理制订班级学期、月、周、日计划，创设课程环境，提供课程材料，开展与课程目标相结合的活动，做关于课程内容的家园沟通工作，参加日常教研和研究小组，配合幼儿园课程整理工作。

九、C⁺课程案例

案例1 大班主题活动：中国花纹[1]

（一）主题活动背景

孩子从小了解我国传统文化，体会祖国文化的博大精深，不但可以提升爱国情感，还可以感受多元文化的魅力。我国民族众多，文化艺术与传统智慧丰富多彩，这些都是国家的瑰宝。比如，传统纹样是中华民族文化艺术的组成部分之一，具有东方典雅的艺术特点。我们处处可以看到瓷器、彩陶、年画、窗花、民族服饰、灯笼等物品上面的花纹，这些花纹不但图案丰富美观，而且富有寓意，体现了传统艺术精髓。为此，我们结合大班幼儿喜欢探索的特点和节日契机，开展了主题活动"中国花纹"。

（二）主题活动目标

1. 多元化语言

在活动中，积极与他人交流自己的想法。

2. 丰富的艺术体验

（1）感受不同花纹的来源和寓意，探寻中国花纹的历史。

---

[1] 本案例由北京市伊顿幼儿园桑媛老师、北京童乐行教育科技有限公司韩烨颖老师提供。

（2）能运用多种方式表现中国花纹，完成各类创意作品，愿意参与各类艺术活动。

3. 探索世界

感知各种中国花纹，探究花纹的线条结构、构图方法和生活中的应用。

4. 未来学习品质

（1）在活动中提高协商讨论、小组合作、分工协作等能力。

（2）对具有中国特色的艺术感兴趣，对中国文化充满热爱。

（三）进阶课程涉及范畴

"我和祖国""我和幼儿园"。

（四）主题活动网络图

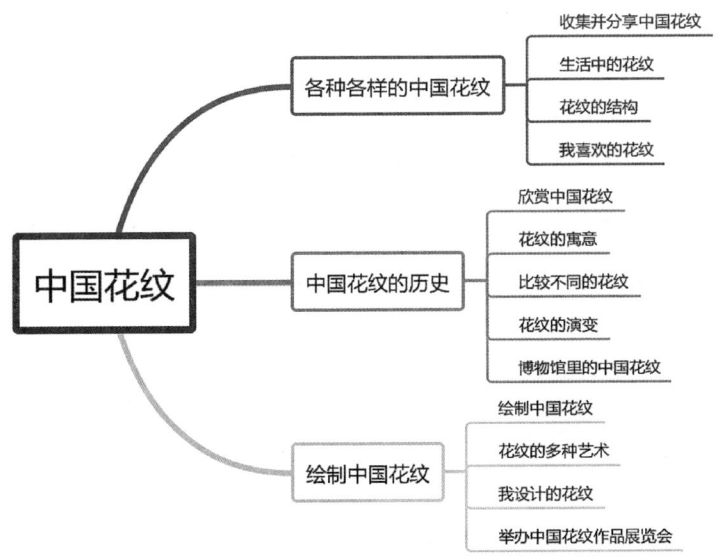

图9-1 "中国花纹"主题活动网络图

（五）主题活动过程

本案例仅选择部分有代表性的活动以作说明。

1. 绘制中国花纹

活动中，儿童可以尝试临摹自己感兴趣的花纹图案，细致观察花纹的线条和构图，分享自己的感受和理解；可以尝试绘制多种花纹，如建筑物上的花纹，服饰上的花纹，器皿上的花纹，家具上的花纹，房屋上的花纹，亭子上的花纹等等；可以运用不同绘画材料，如油画棒、水粉、水墨、水彩笔等；可以有艺术感地布置展示作品。

2. 花纹的多种艺术

通过绘制中国花纹的活动，儿童掌握了花纹的基本画法。为了进一步激发儿童对花纹的兴趣，丰富儿童的体验，还可以让他们用多种艺术形式来表现花纹，感知花纹与生活的结合，完成多样的艺术作品。比如，将花纹跟区域材料结合，用橡皮泥制作花纹，用毛根制作花纹，用丝带制作花纹，用废旧材料制作花纹等；可以在平面作品中表现花纹，也可以在立体作品中表现花纹，可以用喝完的酸奶饮料瓶（白色底）绘制花纹，可以在轮胎上、主题墙装饰花纹等。教师可以开拓思路，重视儿童间的分享交流。

3. 我设计的花纹

有了临摹花纹的经验之后，儿童会表现出创造的意愿，我们要呵护儿童的创造力，鼓励他们尝试自主设计花纹图案，将中国古典花纹与现代表现方式结合，比如：设计蛋糕上的花纹图案，设计文化衫上的花纹图案，设计信纸上的花纹图案，设计相框边缘的花纹图案等。教师也可以引导幼儿变换创作模式，小组合作，大组协作，完成不同意义的巨幅作品，延伸到区域活动中，环境布置中，幼儿园微景观，大型活动的舞美背景中。教师们开阔思路，就会有无限可能。

4. 举办中国花纹作品展览会

在儿童积累了大量的花纹作品之后，教师可以为儿童提供展示、交流创意作品的平台和机会。举办展览会，可以比较系统地梳理中国花纹的演变，欣赏各类花纹艺术品，展示自主创作的花纹作品，表达对花纹艺术的观点，分享作品的创作思路。组织过程中，儿童通过商讨方案、分工负责、小组合作、同伴协作等方式来完成整个策展、布展工作，增强了同伴交往能力、责任意识、合作意识，促进了全面发展。

（六）教学资源利用

1. 空间资源

参观民俗艺术博物馆；参观古代建筑；利用网络查找花纹素材、寓意；在家庭、幼儿园里寻找传统花纹的元素等。

2. 时间资源

利用传统节日发现传统节日与花纹的联系。

3. 物质资源

收集花纹图片、传统艺术品、生活用品等。

4. 人力资源

邀请民间艺人走进班级；参观博物馆时请专业讲解员进行介绍等。

（七）评价反思

本案例符合以儿童发展为中心的学习循环体模型，体现了"我感知"（I Feel）、"我识读"（I Read）、"我思考"（I Think）、"我实践"（I Do）、"我反思"（I Reflect）和"我热爱"（I Love）六个向度。

本案例通过收集、欣赏花纹素材，使幼儿获得一定的感知经验；

通过寻找生活中的花纹，参观博物馆中的艺术品，引导幼儿比较、识别花纹的样式结构，在进一步了解花纹的过程中产生自己积极的思考，促进了幼儿动手绘画、设计花纹的积极性和创造性，帮助幼儿在创造中不断反思调整，改进自己的设计思路。幼儿最终以展览的形式自信地展示出自己的作品。在作品展览的过程中，幼儿还会反复进行感知、识读、实践、反思，真正体现出学习的循环过程。

案例2　小班主题活动：我有一双小小手[1]

（一）主题活动背景

小班幼儿刚刚从婴儿期步入幼儿期，其认知能力还比较薄弱，对周围世界的探索主要依靠看、听、摸、闻、尝等直观的感知、操作方式。这就需要教师贴近幼儿的生活来选择幼儿感兴趣的事物和问题，以此拓展幼儿的经验和视野。C+课程中的进阶课程遵循幼儿自身的发展特点，沿着幼儿生活的轨迹，帮助幼儿在日常生活中潜移默化地获得各领域的发展。主题活动"我有一双小小手"以幼儿身体的一部分——手为切入点帮助幼儿探索小手、了解小手、认识自我，以达到发展自我的目的。

（二）主题活动目标

1. 安全与健康

（1）初步建立良好的卫生习惯。

（2）具备基本的生活自理能力。

---

[1] 本案例由北京乐融儿童之家高君老师、北京童乐行教育科技有限公司韩烨颖老师提供。

（3）知道爱护和保护自己的小手。

2. 多元化语言

（1）愿意表达并能够表达自己的需求和想法。

（2）喜欢说唱有关小手的儿歌、歌曲。

3. 丰富的艺术体验

喜欢丰富多彩的艺术活动，愿意进行涂画、粘贴等美术活动。

4. 探索世界

（1）认识手指的名称。

（2）能用小手去探索自己喜欢做的事情。

5. 未来学习品质

（1）愿意做自己能做的事情。

（2）喜欢参加集体活动。

（三）进阶课程涉及范畴

"我和自己""我和幼儿园"。

（四）主题活动网络图

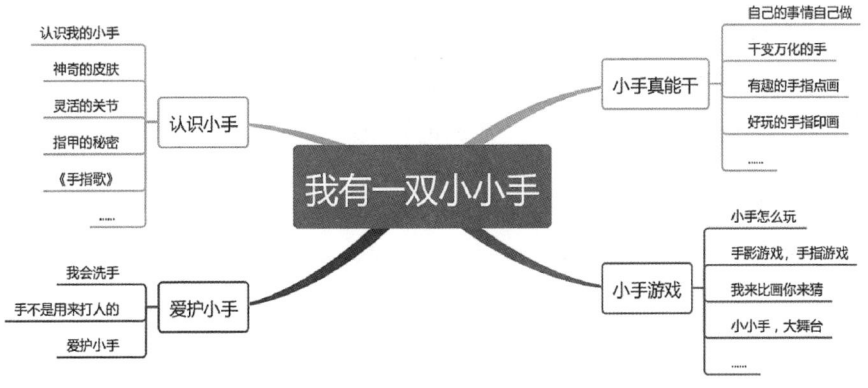

图9-2 "我有一双小小手"主题活动网络图

（五）主题活动过程

本案例仅选择部分有代表性的活动以作说明。

1. 小手怎么玩

小班的活动要体现趣味性，开放性。教师应尊重儿童的想法，与儿童商量可以玩哪些跟小手有关的游戏。教师可以先让儿童自主摆弄小手，引导儿童为做出的动作设计语言说明，一起为互动的游戏起名字；也可以借助一些辅助玩具，如小汽车、小娃娃、皮筋、棉棒等，鼓励孩子们自由探索，在尝试过程中获得游戏经验，形成初步的自我意识。

2. 手影游戏、手指游戏

儿童对小手进行初步探索以后，可以开始尝试有限定的手影游戏和各类手指游戏。手影游戏中，儿童可以感知光影现象，模仿老师的手势，然后尝试自主探索，深入体会其中的乐趣。手指游戏是小班一日生活中的互动性小游戏。组织活动时，教师可以复习学过的手指游戏，也可学习新的，还可和儿童一起创作手指儿歌、手指游戏。

3. "我来比画你来猜"

参与了多种小手游戏之后，儿童对手部游戏有了更多的经验和兴趣，更能接受新的挑战。首先，教师可以跟儿童分享游戏规则，帮助儿童初步建立规则意识；其次，教师可以用儿童最熟悉的小动物形象来尝试游戏；确认儿童掌握了游戏方法后，教师可以逐步增加挑战，由易到难，从模仿小动物，到模仿生活动作、劳动动作、运动动作等。最后，教师可以与儿童角色互换，请儿童做动作。这既是对小手的充分开发，又提高了幼儿的观察能力。

4. 小小手，大舞台

尝试各种适合小班儿童的小手游戏之后，小手的灵活性、手部力量、手眼协调性都有了很大提升，游戏内容得到了丰富，促进了儿童各方面的发展。此时，教师可以尝试和幼儿学习、复习或编排一些儿歌、歌曲、舞蹈表演等小节目，组织小舞台活动，为幼儿提供展示自己的机会，提升幼儿的自信，促进幼儿健康发展。

（六）教学资源利用

1. 空间资源

可以利用网络让幼儿查找与手有关的资料；引导幼儿在幼儿园、家庭生活中发现手的用途等。

2. 时间资源

可以将手与时间相结合，引导幼儿感知手的成长过程。

3. 物质资源

利用图片、游戏、儿歌、美术工具等开展活动。

4. 人力资源

家长、教师可以教幼儿做一些手指游戏、手影游戏；可以邀请面点师制作食品等。

（七）评价反思

本案例通过各种有趣的活动，让幼儿感知、认识自己的小手，知道小手各部位的名称，了解小手的用处，学习小手游戏，从而喜欢动手，乐于尝试，促进手部精细动作的发展。通过活动，教师可以引导幼儿尝试做更多的事情，从中体验用自己的小手进行自我服务的快乐；鼓励幼儿在生活中做力所能及的事；激发幼儿爱护小手的情感。这也恰恰符合儿童的思维特征，以及儿童学习循环体。

案例3　中班主题活动：中秋节的月饼[1]

（一）主题活动背景

通过有趣的活动提升幼儿的艺术素养，引导幼儿大胆地表现自己的情感和体验，能够帮助幼儿在艺术方面获得个性化发展。

中秋节是我国的传统节日，它体现了中华民族的传统文化，传递着团圆、思念、祥和的情感。自然景观月亮代表着团圆，食品中的月饼体现合美。皎洁的月亮能引起幼儿的遐想，美丽的月色能给幼儿带来愉悦。月亮形状的变化是观察、想象的主题，视频和传说能让幼儿体会到美丽的月色和月亮代表的情思。中秋节能给幼儿留下美好的回忆。

赏月、观月记录可以培养幼儿的观察、鉴赏、审美能力；故事、儿歌等文学作品能让幼儿感受月亮的神奇和美丽；全家团圆可以让幼儿感受到中秋节的祥和氛围；动人的歌曲可以引导幼儿从中获得美的感受；家园收集与展览则体现了合作与分享。

唱歌、跳舞、泥塑、绘画、欣赏、分享等活动丰富了幼儿的艺术感知，使他们获得愉快的艺术体验，提升了艺术表现与欣赏能力，同时也使中华节日文化得以传承。

（二）主题活动目标

1. 安全与健康

（1）能够积极参与相关的活动，学习操作相关的工具。

（2）在手工活动中建立良好的卫生习惯。

---

[1] 本案例由北京市西城棉花胡同幼儿园吕妍老师提供。

2. 多元化语言

在了解中秋节习俗的基础上知道月饼代表的含义，能够用丰富的语言表达关于月饼的内容。

3. 异己共生

（1）能够积极地参与相关的活动，体验分工合作的快乐。

（2）在与同伴的活动过程中尝试解决问题。

4. 丰富的艺术体验

在手工活动中提升幼儿的动手能力，引导幼儿感受艺术的美。

5. 未来学习品质

在感知中秋节的过程中，了解中秋节是中国的传统节日，从而对祖国产生自豪感。

（三）进阶课程涉及范畴

"我和祖国""我和幼儿园""我和家庭"。

（四）主题活动网络图

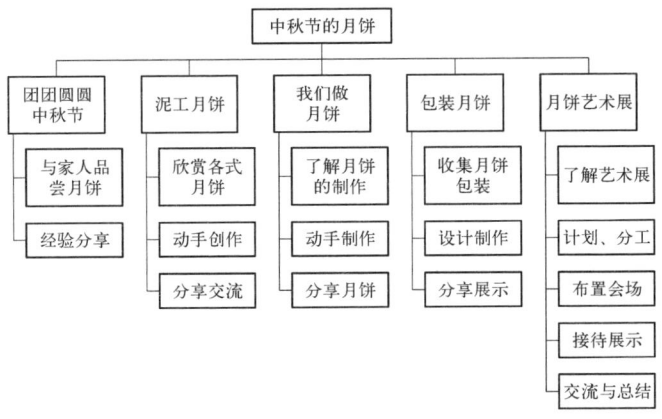

图9-3 "中秋节的月饼"主题活动网络图

（五）主题活动过程

"中秋节的月饼"主题活动下包含五个子活动，每个活动的活动过程框架见表9-1。

表9-1 "中秋节的月饼"主题活动过程框架

活动名称	活动过程框架
团团圆圆中秋节	1. 活动目标：让幼儿知道中秋节吃月饼的习俗，感受月饼的形状、味道和意义，体验中秋节的和美与团圆。 2. 活动准备：通知家长，园内分享活动。 3. 活动内容：教师引导家长在家和幼儿共同品尝多种样式的月饼，并与同伴分享其感受。 4. 组织形式：亲子活动。 5. 涉及领域：异己共生、丰富的艺术体验、多元化语言。
泥工月饼	1. 活动目标：让幼儿采用团、柔、捏等方式制作月饼，感受月饼的基本特征，培养幼儿的动手能力和创造力。 2. 活动准备：环境创设，纹样欣赏，团、柔、捏等技能。 3. 活动内容：教师引导幼儿欣赏多种样式的月饼图案；幼儿根据自己的经验和想象进行泥工制作；教师进行个别指导，帮助幼儿实现自己的想象；结束时，幼儿分享自己的作品。 4. 组织形式：集体活动、区域活动相结合。 5. 涉及领域：丰富的艺术体验、未来学习品质。
我们做月饼	1. 活动目标：让幼儿了解制作月饼的材料及方法，并亲手制作，在制作中发现问题并解决问题，培养幼儿的成就感。 2. 活动准备：环境创设、图片、视频、中秋赏月、纹样欣赏、面点师展示。 3. 活动内容：教师引导幼儿了解月饼制作过程（参观月饼厂，或邀请面点师展示制作月饼的材料及过程，或观看月饼制作视频）；幼儿亲手制作月饼；教师引导幼儿在制作过程中发现问题，并解决问题；月饼制作好后与同伴、教师、家人进行分享。 4. 组织形式：集体活动。 5. 涉及领域：异己共生、丰富的艺术体验。
包装月饼	1. 活动目标：让幼儿了解月饼包装的多种形式，并能为自己做的月饼制作包装。 2. 活动准备：家长通知，收集月饼的各种包装，环境创设。

（续表）

活动名称	活动过程框架
包装月饼	3. 活动内容：教师引导幼儿欣赏和了解各种月饼的包装；幼儿设计制作月饼的包装；幼儿分享自己的月饼包装；教师将幼儿的作品布置在区域中。 4. 组织形式：家园活动、区域活动。 5. 涉及领域：丰富的艺术体验、未来学习品质。
月饼艺术展	1. 活动目标：让幼儿了解艺术展的形式与意义，并参与布置艺术展，提高幼儿的合作意识和成就感。 2. 活动准备：做计划、分配任务、发出邀请、布置展会。 3. 活动内容：教师引导幼儿参观超市月饼售卖区，讨论本班月饼艺术展的形式，并做计划；幼儿自选任务并参与准备，布置展会，发出邀请，接待展示，活动后分享总结。 4. 组织形式：集体活动、以大带小活动。 5. 涉及领域：多元化语言、异己共生、丰富的艺术体验、未来学习品质。

（六）教学资源利用

1. 空间资源

利用网络和书籍了解有关中秋节的信息，通过生活中的实际情景了解布展和包装的相关知识，丰富相关资源。

2. 时间资源

以中国传统节日中秋节为契机，开展有关中秋节的教育活动。

3. 物质资源

收集各种与中秋节相关的物质资源，包括月饼盒、月饼包装图片以及月饼介绍资料等，为幼儿了解活动内容提供丰富的信息线索。

4. 人力资源

可以邀请专业的月饼制作面点师带领幼儿制作月饼，让幼儿了解制作月饼的流程。

案例4　大班主题活动：我的兄弟姐妹[1]

（一）主题活动背景

活动缘起还得从这位大眼睛的小女孩说起。

1. 观察故事

乐观阳光的小姑娘祎祎最近爱噘嘴了……

我感到很奇怪："怎么了祎祎？不高兴了？"

"我想妈妈了。"

"妈妈不是每天接送你吗？"

"妈妈不让我跟她睡觉！"

"妈妈是在培养你独立，很多小朋友都会自己睡的呀！"

"哼！"祎祎转身走了。

好像……我这样劝她不太合她的心意。晚上，一位漂亮的妈妈怀里抱着四五个月大的宝宝来到班级门前："老师您好，我接祎祎。"

"您是……祎祎妈妈？"

"是呀。"

"这是您家二宝吗？好可爱！"

"嗯，这是弟弟。"

我似乎已经猜到祎祎不能和妈妈睡的原因。

"你知道吗？祎祎这几天来园状态不太对，跟我说想妈妈，还想晚上和你睡！"看到妈妈脸上为难的一笑，我紧接着开玩笑说，"哎呀，其实晚一点培养独立睡觉也没关系啊，孩子跟妈妈睡，就那么几年。"

祎祎妈妈告诉我，自己还在哺乳期，每天要带二宝睡觉。不是没

---

[1] 本案例由北京市丰台区丰台第一幼儿园丁曼曼老师提供。

尝试过和老大一起睡，只是大宝睡觉不老实，会压到弟弟。

看得出祎祎妈妈对祎祎的心疼和愧疚。

孩子们陆续吃完饭来到楼道里，他们对小宝贝的到来表现出发自内心的好奇与惊喜。

"那是我弟弟，你们别动！"祎祎从教室里飞奔出来，张开手臂下意识地护着弟弟。

我感叹道："祎祎，你可真幸福，竟然有个这么可爱的小弟弟！"祎祎在大家羡慕的目光里偷偷得意。

第二天，祎祎再次向我倾诉小烦恼时，很多孩子围了过来。他们对此事表现出了浓厚的兴趣，纷纷给祎祎支招。作为教师，我敏感地发现了孩子们的兴趣和关注点。

2. 教师的思考

如今，越来越多的家庭出现了二孩，"我的妈妈生了个小弟弟"这样的话题，也在孩子们的闲暇聊天中展开。了解孩子的情绪变化，让孩子们乐观地接受家庭中新生命的到来，体会妈妈对子女的疼爱与期待，是与孩子们朝夕相处的"老师妈妈"应该关注的。

我们对北京市丰台区丰台第一幼儿园东大街分园的生育情况作了调查。数据显示，东大街分园中每个班级都有二孩家庭，二孩现象具有普遍性。因此，我们有必要正视二孩现象对孩子们带来的影响。

基于《3—6岁儿童学习与发展指南》中对大班幼儿社会性发展的要求，我们设计了主题活动"我的兄弟姐妹"。

（二）主题活动目标

1. 安全与健康

能够具备基本的自理能力。

2. 异己共生

（1）熟知每一位家庭成员的相关信息，理解家的含义。

（2）愿意帮助家人分担家务，乐意与人交往，体验互助、合作、分享的乐趣。

（3）愿意照顾弟弟妹妹，懂得与弟弟妹妹共享爸爸妈妈的爱。

（4）能体会并表达父母的养育之恩，懂得感恩，萌发爱父母长辈、爱老师同伴、爱集体、爱大家的情绪情感。

3. 未来学习品质

（1）培养幼儿做好力所能及的事，不怕困难。

（2）尝试对时间进行合理分配。

（三）进阶课程涉及范畴

"我和自己""我和幼儿园""我和家庭"。

（四）主题活动网络图

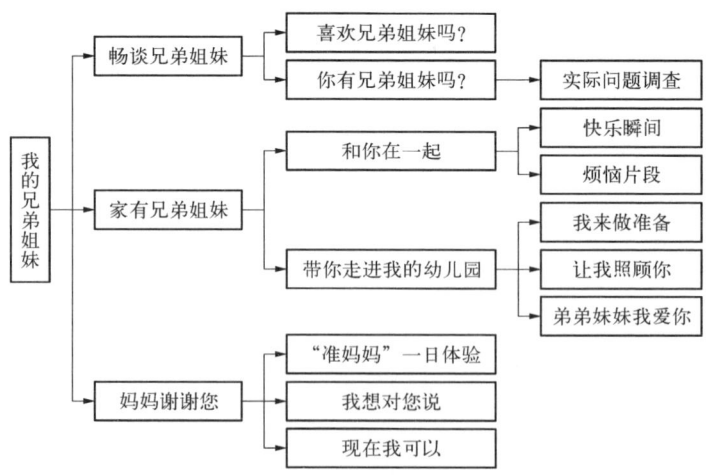

图9-4 "我的兄弟姐妹"主题活动网络图

（五）主题活动过程

1. 畅谈兄弟姐妹

"宝贝儿们，是不是你们家里都有个小弟弟呢？"

随着问题的提出，我们设计了针对孩子们的问卷调查。调查的问题有四个：

① 你有兄弟姐妹吗？

② 他是你的……？

③ 你和他在一起最开心的事情是什么？

④ 不开心的事情是什么？

孩子们针对自己的实际情况和生活经验，用图画的形式进行回答，并带到幼儿园来分享。大家计数统计发现，所有人的家族里都有兄弟姐妹，6位小朋友有亲兄弟姐妹，有意思的是，他们全都是小弟弟。小小的调查活动，让孩子们回顾了真实的已有经验，也让教师了解了实际情况。

教师提出问题："你们喜欢兄弟姐妹吗？"

"喜欢，他可以陪我玩。"

"我可以保护他。"

"我还可以给她讲故事。"

"我不喜欢，他会和我打架。"

"会和我抢玩具！"

"女孩子就不会！"

教师进一步追问："哦？那你们喜欢男孩还是女孩啊？"

"女孩，我可以给她梳小辫子。"

"女孩不淘气。"

"女孩像公主，很可爱。"

"男孩，因为男孩可以保护我。"

"男孩会功夫。"

"男孩和我的声音不一样，可以一起唱歌。"

看来，孩子们的想法各有不同。他们自由地表达着自己的想法和情绪，给了教师继续开展活动的方向和信心。

2. 家有兄弟姐妹

活动一：和你在一起。

教师提问："如果和兄弟姐妹在一起，你一下子就能想到的事情是什么呢？"

孩子们决定将和兄弟姐妹在一起的瞬间记录在绘画纸上。他们记录下了一起玩滑梯，躺在一张小床上睡午觉，牵手去动物园看动物，搭积木，过马路等许许多多开心温暖的事。

活动二：带你走进我的幼儿园。

活动过程中，幼儿提出了一个特别的请求："感觉好有意思，那我们可以把弟弟妹妹带到幼儿园吗？"

这个请求得到了所有人的响应。

"当然，如果你们愿意的话！"教师欣然接受的态度让孩子们的情绪一下子兴奋起来。

那么问题来了："他们还小，来幼儿园需要爸爸妈妈陪着吗？"

"他们要是哭，我们怎么办？"

"爸爸妈妈需要给宝宝带些什么东西来？"

"我们要在幼儿园做哪些准备呢？"

一系列的问题让孩子们展开了激烈的讨论，他们将自己的想法以绘画的方式分享出来。

在教师和孩子们的商议下，大家决定以接待、仪式、加餐、游戏、离园五大环节为基础计划活动。这些活动听起来让人兴奋，可准备起来一点也不简单。

"谁来负责？"

"接几个家庭？"

"怎么接？"

"准备什么？"

"需要有什么环节？"

"谁来主持？"

"他们喜欢看节目吗？"

"适合看什么？"

"我们需要准备什么吃的？他们能吃什么？"

"他们可以在哪玩？玩什么？"

"最后还要做什么？"

琐碎的问题需要逐一解决，孩子们也没有因为任务的艰巨想要放弃，反而有条不紊地为活动的开展出谋划策，献出自己的一份力。

在迎接准备中，我们首先决定为这几位小嘉宾制作明信片，方便所有班级成员提前熟悉嘉宾。这一任务交给了几位小嘉宾的哥哥姐姐，请他们与家长合作，亲子共同制作明信片。接待员先由孩子们自荐，自己思考接待过程中说什么，怎么说，怎么做。经过竞选，全班投票，最终确定小接待员。与此同时，接待记者也会抓紧时间练习自己的拍照技能，为更好地抓拍精彩瞬间而努力。

在准备仪式的过程中，我们秉承公平、自主的原则，鼓励孩子们积极承担主持任务。讨论节目的过程是最为热烈的，讲故事、说古诗、唱歌、跳舞……大家提出了很多想法。有一个问题始终困扰着孩子们：小宝那么小，什么节目适合他们呢？有孩子提出："要不然咱们拿串铃唱歌吧，那个摇铃我弟弟就特别爱玩。"大家纷纷表示同意。

游戏活动的准备工作就不那么容易了。由于年龄原因，幼儿园中许多现有的玩具不会被小嘉宾们喜欢。

教师向孩子们提出问题："你们觉得小弟弟们喜欢什么玩具呢？"

"我觉得男孩子会喜欢恐龙！"

"汽车也喜欢，我们家有好多。"

"我们家也有，我可以带来啊！"

孩子们纷纷表示愿意将家里好玩的玩具带到幼儿园给小嘉宾玩。教师进一步问："你们准备给小弟弟玩的玩具，安全吗？卫生吗？"

"我们可以挑小的，软的。"

"把它洗一洗，用湿纸巾擦擦。"

孩子们的热情随着一个个问题的解决越发高涨了。

正式活动过程中，孩子们认真地完成任务，大方地介绍来宾，友爱地牵起小手，直到最后恋恋不舍地合影道别。活动中有辛苦，有努力，有欢声，有笑语，有作为哥哥姐姐的自豪，也有作为家长的感动，更有作为教师的欣慰。活动结束后，教师用三个问题引出了孩子们对此次活动的收获与感悟，并以此判断课程开展的价值和必要性。

"活动结束了，你有什么感受，想说什么？"

"你有没有观察到活动中家长在做什么？"

"你又想说什么？"

教师肯定了孩子们通过活动收获的启发与感悟。孩子们讲述着自己能做的事，愿意去承担的事，期待去体验的事。活动当天，班级微信群里出现了这样的场景,家长们纷纷与大小朋友分享了孩子们在家的生活照片:洗袜子、洗碗、收拾房间、帮奶奶打下手……家长们开心得不得了,老师也为孩子们的懂事和成长感到幸福与感动!

大三班的故事未完待续。接下来,我们即将开展"妈妈谢谢您"系列活动。

(六)教学资源利用

1. 空间资源
将家庭与幼儿园紧密联系在一起。

2. 时间资源
感受弟弟妹妹和自己一起成长的过程。

3. 物质资源
欣赏弟弟不同成长时期的照片;利用玩具促进兄弟姐妹的感情等。

4. 人力资源
调查幼儿园伙伴的家庭情况;请妈妈走进班级讲述亲子故事;教师分享自己生宝宝的感受。

案例5　大班主题活动:谁说自行车只能骑[1]

(一)主题活动背景

通过居委会的"旧车换面粉"活动,我们得到了启发。居委会收到了很多废旧自行车,当他们正在发愁怎样处理这些旧车的时候,我们的朱园长就和居委会商量,把这些自行车运到了幼儿园。《3—

---

[1] 本案例由北京市丰台区丰台第一幼儿园赵靖铭老师提供。

6岁儿童学习与发展指南》指出，幼儿的活动要从幼儿的身边出发，选择孩子们喜欢的、感兴趣的内容。幼儿的兴趣是多方面的，为了满足孩子们的兴趣和年龄特点，我们结合六大领域内容，让孩子们用多种形式感受快乐。我们以动手操作为出发点，进行了对自行车的研究。

（二）主题活动目标

1. 异己共生

（1）愿意接受有难度的任务，尝试新活动。

（2）愿意与众多同伴合作游戏，有一定的坚持性。

2. 丰富的艺术体验

（1）能主动参与自行车主题下的美术活动并能有创造性的表现。

（2）能欣赏作品的造型、构图，知道对称美、均衡美。

（3）能利用多种绘画工具和材料表现自己独特的思想和感受。

（4）恰当地运用各种颜色，并尝试进行颜色搭配。

3. 探索世界

（1）能够发现自行车及相关材料的多种特性和功能。

（2）能够使用绘画、符号等形式记录发现、提出问题、寻找答案。

4. 未来学习品质

（1）能够主动探索自己感兴趣的事物，并表现出一定的创造力。

（2）能较长时间参与各种关于自行车的主题系列活动。

（3）遇到困难和挫折时不气馁，敢于不断尝试。

（三）进阶课程涉及范畴

"我和自己""我和幼儿园""我和家乡"。

（四）主题活动网络图

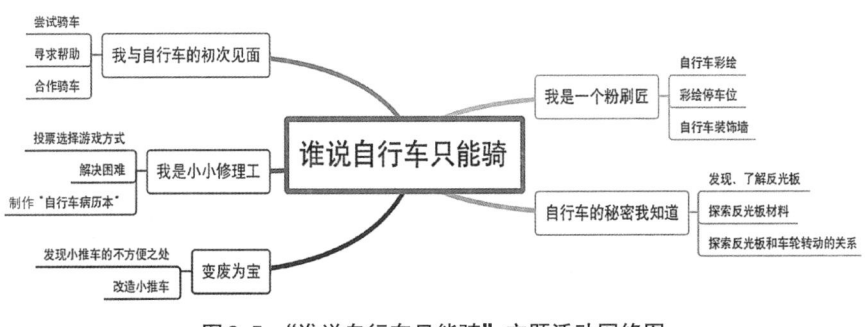

图9-5 "谁说自行车只能骑"主题活动网络图

（五）主题活动过程

1. "我与自行车的初次见面"

废旧自行车刚被运到幼儿园的时候，孩子们蜂拥而至："哇！这些车怎么这么旧啊！""朱妈妈从哪里找了这么多车啊！""我的天哪！真想骑一下试试！"

于是，我采访了这些兴高采烈的孩子们："你们想怎么玩这些车呢？"大家异口同声地说："当然是骑着玩了！"可是，当这些自行车被运下卡车的时候，孩子们发现，它们不但丑丑的，有的地方还生锈了，甚至有些车子已经坏了，看起来好像骑不了的样子。

最先吸引孩子们目光的是一辆橙色的儿童自行车。他们眼前一亮，说："这辆车只是车胎没气了而已，肯定能骑。"由于自行车只能坐一个人，所以孩子们决定由一个人先上车，其他人来帮忙扶着。一开始，孩子试着蹬了几次都蹬不动。于是，他们叫来保安叔叔帮助打好了气。但是，他们发现，事情好像没有想的那么简单，车轮好像被什么东西卡住了。在他们几番努力之下，骑车计划还是以失败告终。

教师分析：

自行车非常贴近小朋友的生活。孩子们初次见到废旧自行车时，非常兴奋，每个人都跃跃欲试。由于有了强烈的探索欲望，因此，在没有教师引导的前提下，孩子们也能主动想办法寻求帮助。这一过程中，他们的社会性得到了发展。

2."我是小小修理工"

回到班里后，几位小朋友利用活动区分享时间把这一次经历分享给了其他小朋友。那么，我们的自行车还能怎么用呢？孩子们开始了头脑风暴："反正都是坏的，扔了算了。""可以把零件拆下来玩。""我觉得还是先修车吧，修好了我们就能骑了。"我们用举手投票的方法对废旧自行车的"营救"计划进行了投票，最后的结果是支持修车的人数最多。我们"营救"废旧自行车的计划就这样开始了。

在这之后的几天，孩子们又遇到了重重困难。没有修车的工具怎么办？孩子们找到了后勤赵老师，他那里可是有很多工具！孩子们的小手吃力地握着成人使用的工具，但是一脸认真，乐在其中。螺丝太紧，拧不动怎么办？聪明的孩子们找到了平时保卫安全的保安叔叔，寻求他的帮助。

这时，一位小朋友的一句话又引发了大家的思考。

小帅说："明天我还要来自行车区，我要把咱们这里的车修完！"

然然说："那万一你明天来晚了，自行车区人满了怎么办？"

小帅说："没事，我待会回班以后把自行车出了什么问题都画下来，明天你们玩的时候就知道哪儿有问题了，直接就能把它修好了！"

回到班里以后，小帅就招呼着自行车区的小朋友为每辆自行车都制作了专属的"病历本"。"病历本"的封面画着这辆车大致的颜色和样子，里面记录着自行车哪里出了问题，需要怎么解决，需要什么工具，方便下一次的修理工作。

教师分析：

第一次接触修车的孩子们遇到了很多前所未有的困难，他们根据自己的生活经验尝试进行解决。虽然小小手还是得通过老师的帮忙才能拧下一个螺丝，但是他们全情的投入感动着每一位老师。最后，为了方便他人，他们甚至想出了非常周全、操作性强的办法，使区域游戏能够很好地延续。

3. "我是一个粉刷匠"

慢慢地，自行车区的废车、破车越来越少，被修好的车越来越多。孩子们终于迎来了品尝成功果实的一刻。可是，他们发现车身上还有很多土，孩子们赶紧端来了水和抹布。清洗完自行车后，他们发现，由于自行车太过陈旧，车身上有很多锈迹，有的甚至有一大片锈迹。虽然修好了车，可是这样的车谁愿意骑呢？孩子们灵机一动，想出了一个好办法——彩绘自行车！接下来的几天，以嘟嘟为首的很多小朋友开始走上了粉刷自行车的道路。起初，孩子们只是进行纯色的粉刷。直到有一天，班里有美术基础的向前小朋友涂了一个"渐变色车座"，一下子引起了孩子们对渐变色的热烈追捧，有的小朋友还用学过的花纹来装饰自行车。那么问题来了，所有的地方都适合画渐变色或者花纹吗？什么地方更适合渐变色呢？什么地方更适合涂一些好看的花纹呢？这些都成为孩子们装饰自行车时最常讨论的问题。孩子们慢慢发现，像车座这种面积大的地方更适合画花纹和一些情景化的内容，而像车梁、车架这种细细长长的地方画渐变色更方便，如果想画花纹的话，适合画一些有规律的花纹。孩子们虽然可以随心所欲地进行创作，但是他们更加知道怎样合理地进行创作。

这一天，嘟嘟正在粉刷自行车，可是一不小心，一块颜料掉在了地上，孩子们一时不知道怎么办才好。嘟嘟灵机一动说，可以把掉在地上的颜料变成一朵可爱的小花。孩子们都觉得嘟嘟的做法太好了，纷纷拿出颜料效仿着她画起了小花。"哇！咱们的自行车区越来越好看了！要是墙上也有装饰就更好了！"第二天，一位小朋友为大家带来了新奇的想法——自行车装饰墙。原来，他和爸爸昨天晚上的时候在网上看见了用自行车装饰的墙。于是，在后勤赵老师的帮助下，孩子们把之前拆下来的废旧自行车零件安在了自行车区的墙壁上。他们还学着图片上的样子把自然角种植的小花装进了废旧车筐里，给自行车区增加了不少生机。

教师分析：

幼儿园的教育内容虽然可以分为不同的领域，但是每个领域间的内容是互相渗透的。探索世界强调幼儿对周围事物感兴趣，有好奇心和求知欲；丰富的艺术体验也同样提出应引导幼儿接触周围环境和生活中美好的事物。在彩绘自行车时，孩子们不仅能在空间布局上有所提高，还能够让自己感受美、表现美、创造美。

4. "自行车的秘密我知道"

有一天，关关突然拿着一个被拆下来的零件找到我，神气地跟我说："老师你看，这是我们刚拆下来的，你知道这是什么吗？我爸爸说这个能让汽车看见你，这样就不会撞车了。"这个零件到底是什么呢？其实就是固定在辐条上的反光板。关关在活动区点评环节分享了自己的新发现，孩子们一下子就对反光板产生了浓厚的兴趣。孩子们回家查阅了关于反光板的资料，得知反光板不仅仅在辐条上有，车头和车尾都有。车头的白色反光板起到反光、照明的作用；车尾的红色反光板起到警示的作用，提醒后边的汽车一定要减速，小心驾驶；而车轮上的反光板通常都是黄色的，起到提醒作用。

每辆车都有反光板吗？每辆车的反光板都必须是这三种颜色吗？珂珂的话引发了小朋友们的思考："我在小区里的好朋友就有这个反光板，不过我看见她的反光板会亮灯，闪闪的特别漂亮！"这天晚上，孩子们特地让珂珂妈妈帮忙把珂珂说的反光板拍成了视频发给我，第二天，我跟小朋友们进行了分享。

这个反光板是什么材质的？反光板为什么在车轮转动以后会变成一个圆圈呢……孩子们接二连三地提出了问题。他们开始了对反光板的探究活动，想自己动手制作自己心目中的"最美反光板"。一开始，孩子们用普通的彩色卡纸剪出形状，然后用透明胶条进行固定。但是在第一次实验中，孩子们发现，卡纸太薄，车轮转动以后卡纸很容易破损。接着，孩子们想到了彩色即时贴，他们将两个即时贴贴在一起。可是经过验证，即时贴贴在一起后，既不太容易被撕开，还不能重复使用。最终，这个方案也被否定了。最后，孩子们决定用硬纸板和毛根代替。他们把废旧的硬纸壳剪下来，涂上颜色，最后再打上孔，把毛根穿进孔里。这样不仅方便固定，而且能够多次使用。对于硬纸板制成的反光板，孩子们也进行了研究。起初，他们只是把自制反光板随便固定在辐条上，可是转动起来后，大家发现，反光板会随着车轮转动来回变换位置。那么，怎样固定才能牢固呢？孩子们通过多次的实验和对比，终于找到了合适的固定反光板的方法：固定在多根辐条上比只固定在一根辐条上更加牢固！

那么改变反光板的位置，轨迹会发生变化吗？不同颜色和形状的反光板会影响轨迹的样子吗？孩子们发现，反光板转动起来后，只有在同一高度上的反光板才能重合为一个轨迹。而不论什么形状的反光板转动起来后都看起来像是一个圆形。孩子们还有一个大胆的想法：不同颜色的反光板在一个轨迹，是不是会变色？孩子们拿来了记录表，把自己想使用的颜色记录在第一行，预想的结果记录在第二行，最后再将实验结果记录在第三行。孩子们发现，只有在特别快速的转动下，再增加反光板的数量，转动轨迹才有可能变颜色。为了解决这个困难，孩子们绞尽脑汁才想出了办法：增加反光板数量，然后相间摆放反光板，最后尽可能提高转动速度。功夫不负苦心人，经过多次努力，最终有几位小朋友看到了短暂的实验现象。虽然实验现象呈现的时间很短，但是孩子们欣喜不已，还特地进行录像，要在活动区点评环节分享给其他小朋友看。

教师分析：

反光板激发了小朋友强烈的求知欲望。教师需要在这时给予幼儿更多的支持，使每一个幼儿在愉快、自由、合作的环境中进行探索。大班的孩子爱学、好问，有极强的求知欲望，他们已经不能满足于教师的一般教学，不但想知道"是什么"，还想知道"怎么来的""用什么做的"，他们更希望通过自己的探索得到对世界的认识。

5. 变废为宝

临近毕业的时候，幼儿园为小朋友们购买了很多木质小推车，方便孩子们在户外时运送东西。孩子们发现，由于大班的小朋友个子比较高，推小推车的时候特别费劲，一不留神，小推车的斗就会卡在地上。想要一次不停顺利地推到目的地，必须弯着腰推。这可把孩子们累坏了，有的甚至直接搬起了小推车，宁愿搬着走也不想推。就在大家苦恼的时候，瑞瑞说："哎呀！这个车也太不方便了！还没咱们自行车区的车好呢！回头我给小推车换上一个大轮子，肯定就好推了！"瑞瑞的话引起了好几个小朋友的注意，大家纷纷表示想帮助瑞瑞一起完成小推车的改装工作。于是，这几位小朋友相约第二天来到自行车区。孩子们轻车熟路地把小推车的车轮拆了下来，用废旧自行车的轮胎一比，自行车轮胎正好能够安装在小推车上，大小正合适！车轮有了，可是螺丝、螺母几天前都让孩子们用光了，于是他们再次请来了后勤赵老师。赵老师听孩子们讲述整个事件之后，表示一定帮孩子们买到尺寸正合适的螺丝和螺母。第二天，孩子们迫不及待地跑到自行车区，看见早早等在这里的赵老师，大家都兴奋极了。三下五除二，我们的木质小推车就被改装成了适合大班小朋友推的小推车！

教师分析：

孩子们利用科学手段帮助自己解决了生活中的实际问题，这也正是幼儿园科学活动的初衷。幼儿通过探索、操作、实验、应用帮助幼儿园把看似不太实用的小推车进行了改良。孩子们这种敢想、敢做、勇于创新的精神将令他们受益匪浅。

6. 主题活动反思

回想这4个月的游戏时间，孩子们从拆装自行车都要老师帮忙的"修车小白"，变成了主动提出用废旧零件进行改装的"小小修理工"；从只会用纯色、花纹涂鸦，变成科学地利用空间进行涂色的"小小艺术家"；从了解反光板的作用到探索影响车轮转动轨迹的奇妙现象……孩子们的变化实现了质的飞跃。其实一开始的时候，孩子们就遇到了重重困难：没有工具、拧不动螺丝，这些问题看似很小，但是都影响着孩子们在自行车区的游戏进程。令我欣喜的是，孩子们遇到困难时，不再需要求助于我，而是自己寻找更合适的人。更加令人欣喜的是，孩子们不但玩得开心，还帮助别人解决了问题，比如在改装小推车时，如果不是孩子们突发奇想，木质小推车很可能不会受到孩子们的喜爱。如何利用科学来解决生活中的实际问题，这一点在孩子们的游戏中体现得淋漓尽致。

此外，当我们纠结要不要梳理出自行车区的研究主线，让孩子们在教师的引导下进行游戏时，不妨来看看孩子们的想法，因为孩子们常常能发现新奇的游戏突破点。孩子们的很多行为都打破了教师的固有思维。同时，正是孩子们这种不怕失败、不断尝试、勇于创新的精神，让他们不仅在动手能力方面得到了提升，也在观察与创新、审美能力、计划与实施等方面得到了显著的提高。

（六）教学资源利用

1. 空间资源

通过社区活动引发主题活动；查找有关自行车零件的资料。

2. 时间资源

利用照片感受自行车的变化。

3. 物质资源

废旧自行车；利用美术材料美化自行车；利用各种工具修理和改造自行车。

4. 人力资源

与居委会工作人员沟通、合作；请后勤老师帮助幼儿改造自行车。

案例6　小班主题活动：有趣的绳子[1]

（一）主题活动背景

小班幼儿虽然还不具备跳绳这个技能，但体育游戏中经常运用跳绳在地面上当隔断让孩子们进行跳跃活动。在活动中，孩子们似乎对长短不一的跳绳慢慢产生了兴趣，喜欢拉着绳子跑，拿着绳子跳一

---

[1] 本案例由北京童乐行教育科技有限公司王莹老师提供。

跳,并比较着、议论着:"我的绳子是彩色的!""我的跳绳很硬!""我的绳子好长!""我的跳绳里面是蓝色的。"跳绳的外观、材质一时间成为孩子们关注的焦点。此时,我意识到:和孩子们一起认识绳子的机会到了。绳子有很多种类,也有很多玩法,还有很多用处,非常适合生成一个主题活动。因此,"有趣的绳子"这一主题活动自然而然地产生了。

(二)主题活动目标

1. 安全与健康

(1)喜欢参与与绳子有关的运动及体育游戏。

(2)知道在活动中保护自己。

2. 多元化语言

愿意表达并能够表达自己的需求和想法。

3. 丰富的艺术体验

能用多种艺术表现方法进行绳子创意,发展幼儿的动手能力及想象力。

4. 探索世界

(1)了解生活中绳子的种类与用途,提高生活经验。

(2)能用小手去探索绳子的用途。

5. 未来学习品质

(1)对绳子的用途、玩法充满好奇。

(2)通过绳子的多种游戏,感受绳子带来的乐趣。

(三)进阶课程涉及范畴

"我和自己""我和家庭""我和幼儿园"。

（四）主题活动网络图

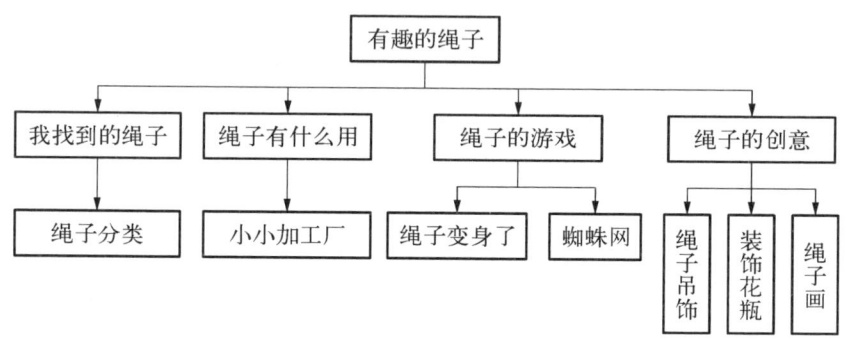

图9-6 "有趣的绳子"主题活动网络图

（五）主题活动过程

本案例仅选择部分有代表性的活动进行分析。

1."我找到的绳子"

目标：

认识绳子，并寻找生活中各种各样的绳子。

准备：

筐类器皿。

过程：

发现孩子们对跳绳产生了兴趣后，教师启发道："生活中，还有哪些地方有绳子？"话音刚落，孩子们纷纷在教室中寻找，陆续找到各种绳子。例如，木木指着门上挂着的写字板说："老师，这儿有绳子，挂在钩子上面了。"石榴拿出了益智区的神秘袋，手指勾着封口的绳子说："老师，这儿有绳子。"想想端出了生活区绕小鱼的材料："这里有好多绳子。"图图和贝贝指着装饰图书区的吊饰说："老师，这里也有绳子。"

为了让幼儿更为直接地观察生活环境中的各种线绳，了解线绳的用途，教师带着孩子们行走在幼儿园中，引导幼儿寻找绳子。一来到幼儿园的院子中，石榴就兴奋地指着上空的电线，大声说："我找到电线了！"多多一边爬着滑梯，一边指着滑梯后的钻爬网："老师，这里有绳子！"回班后，孩子们一起分享了各自观察到的线绳。

之后，教师又发动家长帮助幼儿收集各种各样的线绳，引导幼儿寻找生活中到处可见的线绳。孩子们探索线绳的欲望逐渐高涨。

当幼儿收集了很多线绳之后，我们利用活动室的窗台作为展台，几个筐作为器皿，展示幼儿与家长收集的各式各样的线绳。其中有织毛衣的毛线，穿在吊饰上的绸缎绳，系在风筝上细长的线，摸起来特别粗糙的鞋带，能编织出工艺品的中国结线，钓鱼的渔线……于是，经常有幼儿叽叽喳喳地相互交流："这是我带来的毛线，我奶奶会用毛线织毛衣，织手套。""我带的是钓鱼用的线。""这是用来晾衣服的绳子。""哈！这是我爸爸的鞋带！"

分析反思：

对幼儿来说，最有效的学习内容就是他们可以感知的，具体形象的东西。因此，在条件允许的情况下，可以让幼儿寻找身边的绳子，做最真实的接触，逐渐激发幼儿的探索兴趣。

对教师来说，主题活动要求教师具备各方面的知识，回答幼儿提出的各种问题。活动过程中，很多幼儿寻找到的绳子应属线类。通过网络查询，线的基本含义是：用丝、棉、麻、金属等制成的细长可以任意曲折的东西。如丝线、棉线、线圈。绳的基本含义是：用两股以上的棉麻纤维或棕草等拧成的条状物，线应属绳子范畴。为此，在与幼儿分享收集来的绳子时，教师精确了语言："你们找来了哪些线、绳？"幼儿在分享时，教师也帮助其明确各种线绳的名称，使幼儿获得正确的生活经验。

但在幼儿的分享中,教师还发现,他们的讨论仅限于线绳的名称、作用,并没有对各种线绳作仔细的观察和比较。为此,教师有意识地提出问题:"这些线绳有什么不同?"引出了后续绳子分类的活动。

2. 绳子分类

目标:

(1)能找出各种线绳的差异,并根据线绳的某个特征进行分类。

(2)能大胆表达自己的想法。

准备:

(1)幼儿收集各种线绳;6个空筐。

(2)丰富相关线绳的名称(如毛线、中国结线、棉线、钓鱼线、尼龙绳、绸缎绳等)。

过程:

(1)展示幼儿收集的各式各样的线绳。

教师引发幼儿对线绳的兴趣:"小朋友收集来这么多线绳,谁能找出你认识的线绳,说说它是什么线绳?"

对于自己收集来的线绳,幼儿都愿意踊跃表达:"这是我奶奶织毛衣的毛线。""这是我爸爸钓鱼用的。"可是,对于其他同伴收集来的线绳,幼儿相对缺少表达兴趣。

(2)指导幼儿观察、探索、发现线绳的不同特征。

① 教师:"这些绳子这样放就太乱了,我们可以把它们分一分,你们发现这些线绳有什么不同的地方吗?"

幼儿最先只能表达出长短和颜色的不同。

② 教师引导幼儿通过触觉比较线绳材质的不同:"动手摸一摸,有什么感觉?拉一拉,线绳有没有变化?比一比,哪根线硬,哪根线

软？什么线绳最结实？"幼儿带着问题开始观察和探索，教师在过程中不断引导幼儿将自己的发现、体验、感受与同伴、老师进行交流分享。教师给予指导，提醒幼儿摸拉线绳时注意安全。

在教师的启发下，幼儿最终还发现线绳粗细、软硬、粗糙与光滑的不同特点。

（3）出示空筐，引导幼儿进行分类。

① 分类前，引导幼儿先想好按什么特征进行分类，如长短、颜色、粗细、软硬等。

② 请个别幼儿进行分类，教师和其他幼儿共同观察其分类情况。

③ 分类后，请幼儿介绍自己是怎么分的，教师和其他幼儿进行核对。

（4）向幼儿简单介绍绳子的材质，并引导幼儿进行分类。

幼儿介绍线绳时，通常是以其作用命名的，如："晾衣服的绳""系东西的绳"等，欠缺以材质命名线绳的经验。于是，教师选择常见的棉线绳、塑料绳、尼龙绳、绸缎绳、纸绳、皮绳向幼儿介绍其名称和特点。幼儿除了对尼龙绳感到陌生外，很快理解了其他几种线绳的材质，并能将收集来的线绳按材质进行分类（见图9-7）。

分析反思：

本活动以孩子已有的经验为基础，将一些新的零星经验作归

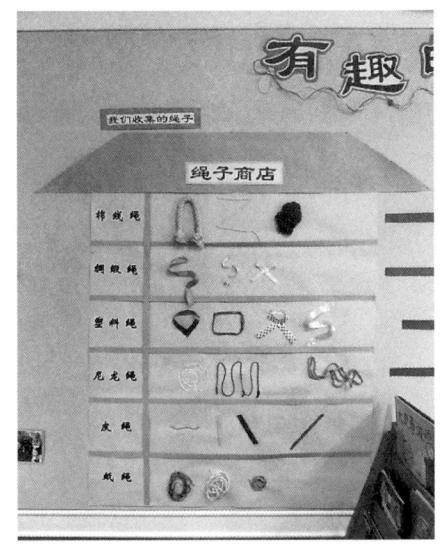

图9-7　对绳子进行分类

纳，并让孩子自己介绍自己收集的资料，既激发了孩子表达表现的欲望，又促进他们了解、观察周围事物的能力，让孩子通过触觉感受绳线的特点。为此，在整个活动过程中，幼儿与教师之间的交谈非常的多。教师发现平时不怎么爱说话的几个孩子也加入了交流的队伍中来。孩子们在一次次的发现中，一次次的交谈中认识了各种各样的线绳，并初步了解了各种线绳的特性，丰富了对线绳的相关认识。

在这个活动的基础上，教师发现：对于小班幼儿来说，认识线绳的特性只是他们一时的兴趣，甚至一些幼儿对观察、比较、深入了解绳子并不感兴趣。于是教师反思：最终学习到线绳在生活中的运用和玩线绳才是小班幼儿最为需要的。后续活动就有了方向。

3. 绳子有什么用

目标：

知道线绳的特性与用途有关联，并能与生活相结合运用线绳。

准备：

每人一根跳绳；各种各样的绳子；有关绳子用途的图片、视频。

过程：

（1）带动幼儿运用跳绳做律动，引发幼儿对绳子材质与用途的兴趣。

教师："刚才，我们用跳绳做了什么？"

幼儿："跳舞、做操。"

教师："绳子还可以做什么？"

幼儿："可以拉车，可以钓鱼，可以放风筝，可以缝衣服，可以做东西。"

教师："什么样的绳子可以拉车？"

幼儿："粗的。"

教师："那什么样的绳子可以钓鱼、放风筝？"

幼儿："细的。"

教师："缝衣服的细线可以钓鱼、放风筝吗？"

幼儿："呵呵，不行，太软了。"

教师拿出幼儿带的鱼线，再次让幼儿观察、触摸，感受材质。

教师总结："钓鱼和放风筝的绳子要又细又结实。"

教师："刚才有小朋友说到绳子可以做东西，能做什么呢？"

幼儿："可以穿珠子，妈妈说还可以贴在瓶子上。"

教师请幼儿将绳子装饰的瓶子拍照带到班中与小朋友分享，并请助理老师制作了纸杯粘胶半成品，放入美工区，请幼儿粘贴绳子进行装饰。

（2）通过观看线绳图片和视频，使幼儿了解线绳的更多用途。

教师根据幼儿的已有经验选择了幼儿接触较少的内容用图片、视频进行展示，从而丰富幼儿的经验。例如，吉他中的琴弦，用棉线刺绣和编织，电话线，粘贴纸绳画，用绸带包扎礼品，用尼龙绳穿鞋带，用拉力器运动……

观看后，教师进一步提升幼儿的经验："吉他中的弦是什么线？"（幼儿对吉他接触较少，教师简单介绍金属线）"电话线是什么线做的？"（塑料）"粘贴画用的绳子是什么绳？"（纸绳）

4. 小小加工厂

将线绳分类展示之后，教师发现孩子们在区域活动时，经常喜欢去抓绳子、摸绳子。于是，教师拿着一些珠子问："这儿有穿珠子的绳子吗？能帮我穿一下吗？"图图拿出了棉线穿珠子，可是半天也穿不进去；多多拿出鱼线，很容易就穿进好几个珠子。图图便效仿多多用鱼线穿。我问图图："你怎么不用棉线穿啊？"图图答："那个线太软了。"不一会儿，这里吸引来了很多孩子一起穿。孩子们穿了很多长串后，教师问孩子们："这么多串珠子，我们做什么用啊？"有的孩子说当手链，有的孩子说当项链，也有的孩子说可以挂在墙上做装饰。最后，大家把珠串挂在了窗户边，用来装饰教室。孩子们非常兴奋，教师把班里存放的各式珠子全部拿出来放在美工区，供孩子们日常穿珠子做吊饰。

基于孩子们对穿、绕线绳的兴趣，教师制作了相应的绳子教具："八脚章鱼"（绳串装饰物）和"困兽"（绕线练习），受到了孩子们的喜爱。

当美工区用作装饰纸杯的纸绳不够时，教师还专门准备了裁好的皱纹纸，指导孩子们自己搓纸绳。孩子们很喜欢这样的操作。

分析反思：

随着前期活动的展开与深入，幼儿对线绳的特性已经有了一定的了解，也初步感知了线绳与人们生活的关系。但对于小班幼儿而言，在主题活动中更应重视幼儿的情感，注重培养幼儿的态度及动手能力。为此，本次活动除了丰富和加深幼儿对线绳实际应用的认识以外，教师还把握时机，及时地介入幼儿的活动，在发现幼儿无意玩起线绳时，及时给幼儿创设了运用绳子的机会，使幼儿感兴趣，并提高了动手能力，很好地促进了目标的达成。

5. 绳子变身了

目标：

（1）在玩绳过程中感知绳子会变形的特点。

（2）敢于和乐于参与创造性活动。

准备：

儿歌《绳子像什么》；各种粗细长短不一的绳子。

过程：

（1）通过儿歌内容，引起幼儿学习的兴趣。

① 教师念儿歌《绳子像什么》。

教师："有一首关于绳子的儿歌，请你听听儿歌里的绳子像什么？"

② 教师请幼儿做出与儿歌内容大致相关的动作。

教师："刚才老师念的儿歌里，绳子像什么呢？你可以用动作来表示吗？"

"绳子细长长"：双手向上，双脚踮高，将身体往上提。

"一会儿像小蛇"：扭动身子左右晃动。

"一会儿粗短短"：慢慢将身体缩至最小。

"一会儿弯又软"：前后摇动身体。

"一会儿围圈圈"：双手绕成圆圈状。

教师："绳子还可以变成什么形状？"

幼儿对于这一问题还欠缺经验。

（2）教师示范用绳子摆出圆形和三角形，引导幼儿用绳子摆出简单图形，体验绳子会变形的特点。

教师鼓励幼儿创造性的表现；对于有想法的幼儿，教师适时帮助；关注幼儿玩绳的安全。

大部分幼儿能拼摆出不规则的两头围拢形造型，少数幼儿能拼摆成较为明显的三角形和圆形。

（3）分享幼儿创作的图案。

分析反思：

教师发现，小班幼儿对于分享形式的认知活动很容易失去兴趣，另外，用绳子拼摆图形对小班幼儿有一定难度，孩子遇到困难容易放弃。这一方面跟孩子的能力有关系，另一方面与活动的游戏性不强有关。针对小班幼儿的年龄特点，活动形式应更为游戏化和情景化。为此，我们将本次活动内容延伸为体育活动"小兔救妈妈"。我们创设了小兔用绳子拼摆搭桥的形式来让幼儿利用绳子玩游戏，感知绳子的特点。孩子们非常喜欢，并且积极参与，愿意反复游戏。这使我认识到，接下来主题活动的走向除了让幼儿体验线绳在生活中的运用以外，还应重点以绳子游戏和线绳创意活动为主。这样，才会吸引幼儿参与和探索。

6. 蜘蛛网

目标：

（1）探索绳子的不同玩法，感受用绳子玩游戏的乐趣。

（2）发展身体灵活性。

准备：

跳绳若干；空旷的场地；表现蜘蛛网外形特点的图片。

过程：

（1）利用绳子进行体育游戏，延续幼儿玩绳子的兴趣。

① 将长绳摆在地上做直线和螺旋形，请幼儿踩着绳子小心通过。

② 用绳子围成图形后玩跳跃游戏。

③ 玩拔河游戏。

（2）引导幼儿两人一组拉绳，几组相互交叉，织成"蜘蛛网"，指导重点如下。

① 指导幼儿两人拉绳不松手。

② 鼓励幼儿的主动交叉行为。

（3）开展"蜘蛛网捉小虫"游戏。

游戏方法：一部分幼儿拉网，一部分幼儿当"小虫"在网下游走。拉网的幼儿说儿歌："小蜘蛛，真繁忙，织个网儿捉小虫。"当说到"捉小虫"时，网下的幼儿快速逃离，拉网的幼儿降低绳网，被扣住的"小虫"为输。游戏几次之后，交换角色。

分析反思：

这个游戏受到所有幼儿的喜爱，每次户外活动，总有幼儿提出要玩"蜘蛛网"游戏，并且幼儿交叉编织"蜘蛛网"的技能也在逐渐熟练。游戏中，幼儿能清楚了解游戏规则，兴趣持久。活动后，幼儿仍对绳子有兴趣，经常玩绳子，如抖绳子，拉绳子等。事实证明，设计幼儿喜欢的情景化、趣味化的活动，灵活地采取多种多样的教学手段，可以激发幼儿的内在动力，唤醒其主体意识，使孩子们能以积极的情感和态度去主动学习，积极探索。

7. 绳子的创意

目标：

能用多种艺术表现方法进行绳子创意活动，发展动手能力及想象力。

准备：

不同种类的绳子；颜料；白纸；贴有胶的纸杯；玻璃瓶；带有图形轮廓的纸张；胶棒。

过程：

以绳子为材料的艺术作品，是幼儿在生活中接触比较少的，幼儿的创作经验也相对缺乏。因此，我们寻找了大量的绳子艺术品图片，让幼儿在欣赏的过程中产生创作的欲望。

（1）在欣赏成品或大师作品的基础上，引导幼儿模仿和创作多种线绳美工作品。

引导语："这是用什么画成的画？""怎样用绳子制作出来的？"

（2）在集体活动和区域活动中，指导幼儿创作线绳压画、装饰瓶子、纸绳粘贴画等美术作品。

在创作线绳压画的美工活动中，幼儿对教师示范时选择的棉线情有独钟，很少尝试用其他线绳压画；在绕线装饰瓶子的过程中，幼儿的绕线形式单一，多为横绕线排列，或者缠绕间隔较大，缺少美感；制作纸绳粘贴画时，少数能力强的幼儿会在粘贴的大轮廓里填画，有丰富画面的需求。

（3）幼儿具备相关技能之后，教师指导幼儿提升制作技巧。

线绳压画：教师带动幼儿尝试用多种绳子进行压画，追求不同的画面效果。

装饰瓶子：启发幼儿采用多种缠绕方法，如交叉形式等。

纸绳粘贴画：教师提供略为复杂的轮廓图样，满足能力强的幼儿从简单的轮廓粘贴过渡到略微复杂的粘贴。

（4）创设线绳艺术作品展览。

经过一段时间的积累，我们将幼儿在活动中、区域中、家庭中制作的线绳美工作品展示在美工区，供幼儿相互欣赏、模仿、交流。

分析反思：

"线绳艺术展"这一形式几乎贯穿了活动的后半个阶段，使活动更加生动有趣。孩子们对线绳的认识日渐丰富，穿、绕、粘等基本动作得到了发展，精细动作和自我服务能力有了不同程度的提高。从活动的过程来看，孩子们能主动积极地参与并自主选择线绳材料和制作方法。从活动后的展览环节看，孩子们的情感、态度、知识、技能都有了不同程度的提高或发展。孩子们在活动中体验到了成功的乐趣，增强了自信心。

（六）教学资源利用

1. 空间资源

通过收集各种绳子，在生活中关注绳子用途的相关信息，丰富材料资源。

2. 时间资源

利用主题墙呈现幼儿发现、探索的过程。

3. 物质资源

根据活动进展，教师为幼儿提供丰富的区域材料。

如美术区：

（1）提供画好简单图案的蛋糕盘子和纸绳，进行纸绳粘贴画。

（2）提供半成品，用毛线装饰纸杯、瓶子。

（3）提供钉板，用塑料绳缠绕织网。

（4）提供各种各样的绳子、颜料，制作绳子画。

（5）把幼儿的作品陈列在美工区。

如生活区：

（1）提供材料制作穿珠玩具：长腿章鱼。

（2）提供材料制作绕线玩具：困兽。

（3）提供材料制作长线串珠帘。

（4）提供毛线绕毛线团。

4. 人力资源

请家长配合主题活动准备所需材料，并在家庭中和幼儿探索绳子的用途。

（七）主题活动反思

幼儿园教育活动应既贴近幼儿的生活来选择幼儿感兴趣的事物和问题，又有助于拓展幼儿的经验和视野。这就需要教师主动观察，了解幼儿的学习兴趣和需要，从孩子已有的生活经验出发，挖掘有教育价值的内容，并以此为依据开展相应的活动。主题教育活动

"有趣的绳子"就是追随幼儿的经验与生活，由教师预设、师生共同引发，幼儿生成相结合而展开的。

本次主题活动也是教师在不断摸索中开展的，经过多次反思和调整。事实上，孩子们感兴趣和想要探究解决的问题，本身就已经暗含着符合教育目标和价值的内容。教师在选择活动内容时要考虑到能否充分运用幼儿园和家庭中现有的资源。在活动中，教师组织幼儿认识各种各样的绳子，带着孩子们到幼儿园的大环境中转一转，找一找绳子，体验寻找的乐趣，并运用不同标准对绳子进行分类，给予了孩子们充足的想象空间和思考时间，将绳子制作成各种手工艺品，用来布置环境……

在整个活动中，幼儿的积极性很高，回到家里还和家长们一起用绳子制作各种各样的东西，带来幼儿园和小朋友们一起分享。从这个主题活动中我们可以发现，孩子们对具有操作性、娱乐性的内容特别感兴趣。

案例7 小班主题活动：好玩的身体[1]

（一）主题活动背景

小班阶段的幼儿正处于身体成长的关键时期。《3—6岁儿童学习与发展指南》在健康领域中提出，要利用多种活动发展身体平衡和协调能力，开展丰富多样、适合幼儿年龄特点的各种身体活动。这些教育建议为幼儿园开展体育活动指明了方向。

---

[1] 本案例由广州市增城区凤凰城凤妍幼儿园杨敏、刘元红老师提供。

（二）主题活动目标

1. 安全与健康

（1）探索自己身体的奥秘，认识自己各个身体部位的功能与作用。

（2）具备安全意识和自我保护的能力，能遵守活动中的基本规则，进行游戏。

（3）感知身体部位的作用，通过模仿和游戏活动增强身体控制能力、灵活性和协调性。

（4）在走、跑、跳、投、爬等活动中学习游戏玩法，体验运动游戏的快乐。

（5）能通过活动感受游戏带来的快乐。

2. 多元化语言

（1）愿意用语言与别人交流关于运动游戏的话题，喜欢用语言表达自己的感受。

（2）喜欢阅读和观看与身体游戏有关的图片、视频，能发现、指认并讲述画面中感兴趣的人、物或事件。

（3）能够大胆表达自己的看法，并尝试与同伴进行交流。

3. 未来学习品质

（1）具有良好的倾听习惯，能虚心接受别人的建议。

（2）对于未知的事物具有积极探索的精神。

（3）具有良好的同伴协作能力。

（三）进阶课程涉及范畴

"我和祖国""我和幼儿园""我和家庭"。

（四）主题活动网络图

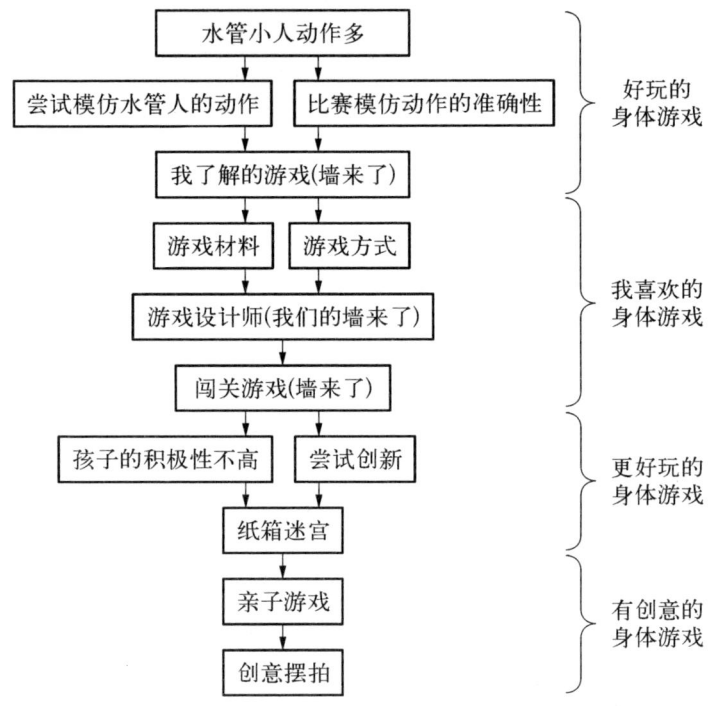

图9-8 "好玩的身体"主题活动网络图

（五）主题活动过程

随着幼儿园环境的更新，孩子早操时朝向的草坪中多了几个有着不同运动形态的水管小人，如图9-9。孩子们全部的注意力都集中在了水管小人身上，他们饶有兴趣地谈论着，模仿着……

1. 水管小人动作多

孩子们看到生动的水管小人，表现出极大的兴趣，开始七嘴八舌议论起来。

幼儿1："你看，那些小人好像在跳舞。"

图9-9 水管小人

幼儿2:"不对,它们是在做运动,也在做早操吧!"

幼儿3:"黄色小人做的是这个动作。看我!快看我!"

……

这样的谈话引起了孩子模仿小人动作的兴趣。于是,他们一个个乐此不疲地比画着。争论随之产生了。

幼儿1:"你看他的手是这样摆的。"

幼儿2:"不对,他的手摆得很高的,像我这样子。"

幼儿1:"是我这样的,不信我走到小人前面你再看一下。"

幼儿2:"你还要注意一下你的脚啦!"

争论是幼儿生活中十分平常的事情,孩子们常常因小事争得面红耳赤。他们努力阐明自己的观点,为自己辩解,说服对方。

幼儿1:"吵架是没有用的。"

幼儿2:"那我们想个办法证明谁模仿得比较像吧?"

幼儿3:"老师,你看一下我们谁的动作比较像?"

遇到意见不一致时,教师常常被推到裁判的位置上。教师如果不引导孩子展开讨论,而是直接说出答案,那孩子得到的仅仅是现成的结论,思维的"闸门"根本没有打开。这就要求教师做个有心人,及时引发新的热点话题。孩子们的争论就是想证明自己模仿得最像,那我们何不设置新的游戏,促进孩子身体动作的发展呢?

教师："你们都在模仿水管小人的动作，那到底谁模仿得像呢？"

幼儿1："我比较像。"

幼儿2："老师，你看我是不是模仿得最像。"

教师："谁模仿得一模一样，就可以证明谁的模仿力最强。那我们要怎么证明呢？"

幼儿1："那我们来比一下。"

幼儿2："怎么比呢？我们想个新的游戏比模仿力。"

幼儿3："这个游戏要能证明谁模仿得对就通过，谁模仿得不对就淘汰。"

教师："那我们就想一个摆动作闯关的游戏。"

幼儿4："老师，我看过《奔跑吧，兄弟》里面有一个摆动作穿过墙的游戏。"

分析反思：

教师应追随孩子的兴趣点提出问题，启发、引导幼儿思考，从而生成新的活动。练习控制自己的身体进行游戏，可以提升孩子专注力、粗大动作和精细动作的发展。

2. 墙来了

环境是重要的教育资源，应通过环境的创设和利用，有效促进幼儿的发展。孩子成长的历程是靠他们自己来完成的，但他们需要借助环境，需要成人的支持。为了保障"墙来了"游戏的有效开展，首先要解决的问题就是准备什么样的材料。这些问题的解决也是启发孩子们自己找答案的过程。

教师："我们来看一段《奔跑吧，兄弟》中'墙来了'游戏的部分。"

教师："这个墙是用什么材料做的呢？幼儿园有吗？没有的话，可以用什么来替代呢？"

幼儿1:"泡沫做的,但也太容易坏了吧!"

幼儿2:"是啊!他们很少人在玩游戏,我们是很多人参加的。准备那么多泡沫墙要很长时间的。我们什么时候才可以玩呀!"

幼儿3:"我们请爸爸妈妈帮忙,每个小朋友做一面泡沫墙,明天带回来就好了。"

幼儿4:"可是幼儿园没有那么多泡沫板,我家也没有啊!"

于是,大家展开了讨论,讨论发现:布容易飘动不好固定,木板太坚硬很难割开……

幼儿5:"那我们每个人都回家找大大的纸箱子,和爸爸妈妈一起把它拆了来做墙吧!"

孩子们争先恐后地说着,在否定和肯定中,孩子们自主解决问题的能力有了很大的提高。关于这一问题的讨论拉开了准备游戏材料的帷幕,孩子们开始进入到设计墙中间镂空部分的环节中。

有的孩子想直接画个小圆,让每个同伴都通过不了;有的孩子由于绘画技能的局限,只能描绘出一个不协调的造型;有的小朋友直接躺在纸板上,请大人或同伴帮忙画。每个小朋友结合自己的生活经验,加上老师的讲解,基本理解了游戏材料的规范性和挑战性。他们积极寻求大人的有力支持,与成人一起思考哪个动作最难模仿,画多大才是刚刚好,并通过反复讨论,合作完成各自的游戏材料。

"墙来了"活动的场地在四楼天台的草坪上,空气清新,阳光充足,是一个轻松自由的游戏环境。孩子们兴致盎然地在草地上玩着"墙来了"的游戏,通过游戏,自主自发地探索控制身体的奥秘,用自己的各种感官感知、体验。孩子们在轻松的氛围里生成游戏的方法和累积游戏的经验。

分析反思：

（1）如果活动过程中给孩子们足够的探索实践机会，他们会尝试各种方法，最终一点点地接近目标，完成穿过"墙"的任务。

（2）整个游戏提升了幼儿自我保护的意识。孩子们在游戏中练习了控制肢体动作，关注到了身体的平衡。

（3）在随机生成的探究活动中，同样需要家园的配合，鼓励家长记录下孩子在整个过程中的表现和成长。

（4）这次活动十分成功。在今后的教学过程中，我们可以延伸出类似的活动，帮助孩子们探究身体的奥秘，开发更多好玩的身体游戏。

3. 纸箱迷宫

渐渐地，孩子们玩"墙来了"游戏的积极性有些消退。他们开始东张西望，无所事事。小哲和几个好朋友注意到教室里还有很多空的纸箱，他们便开始摆弄着空纸箱。我轻轻地提醒道："我们可以改造这些纸箱来玩新的游戏。"

孩子们一个个围了过来讨论着如何改装这些纸箱。幼儿通过想象，运用累积的知识创造纸箱的新玩法。

孩子们畅游在纸箱迷宫里，不知疲倦地钻进钻出，欢呼雀跃，玩得兴奋不已。参与是一种快乐，创造是一种享受。孩子们自主搭建，不断地调整纸箱摆放的方式。在游戏过程中，孩子们相互协作，共同完成，发展了语言沟通能力，空间思维能力和创造力。

4. 亲子游戏

其实很多年轻的父母往往不知道陪孩子玩什么游戏，尽管好像和孩子在一起，但陪伴质量不太高，因此会耽误很多时间。父母和孩子一起进行有目的的游戏，能够让陪伴的时光充满乐趣，不仅可以启发孩子的智慧，还能增进孩子与父母的情感交流。我们邀请家长把亲子游戏的精彩瞬间拍摄并打印下来，带到幼儿园和大家一起分享。小朋友们看到自己的照片贴出来时，都非常兴奋，积极和小伙伴们分享自己与爸爸妈妈做的好玩的身体游戏。在分享的过程中，孩子的语言能力得到发展，情感得到满足，变得更加自信、快乐。

5. 创意摆拍

丰富的游戏内容与经验是幼儿语言表达的源泉与基础。游戏中的每一次体验都可以成为幼儿积累的内容，都可以引发谈论的话题。他们会身披报纸摆造型，告诉小伙伴自己现在是"超人"；也会协商合作，变身"汽车侠"；也会构思一个"大战乌龙侠"场景图，讲述自己的英雄故事。有趣的拍照场景和相应的道具，激发了孩子的想象力和艺术创造的能力。

老师将孩子想象的有趣故事通过照片表达出来，再将照片和孩子们一起分享，孩子的想象能力和语言表达能力进一步得到发展。

别以为我们的孩子"不务正业，天天玩耍"，孩子的"玩耍"大有学问。在"玩"之前，我们所有的孩子都需要为接下来开展的活动制订一个全面的"玩耍公约"，也就是游戏规则。正所谓"没有规矩，不成方圆"，孩子们分成小组一起讨论并制订规则。在不断完善、探究的过程中，孩子们勇敢地发现，自我创造，达到开拓想象、提升思维的目的，这才是创造性游戏的价值所在。

（六）教学资源利用

1. 空间资源

利用家庭资源与幼儿园紧密联系在一起。

2. 时间资源

根据幼儿的兴趣灵活组织活动时间。

3. 物质资源

不同的探索空间与丰富的可操作性材料（PVC管、泡沫板、纸箱等）为幼儿的探索提供了必要的物质保障。

4. 人力资源

家长的配合（和孩子一起进行游戏）一方面增加了游戏的趣味性，另一方面提升了亲子关系，活动过程中，幼儿的空间思维和想象能力进一步得到了提升。

十、课程实施计划

　　幼儿园课程实施计划不是儿童活动的简单重现，更不是单一呆板的学习日程，它可以以儿童的活动为线索，也可以以儿童发展的目的为线索。不论是何种线索，幼儿园制订课程实施计划的根本目的都是让幼儿园的课程真正深入儿童的生活。让儿童的生活有意义，课程才有可持续的生命力。因此，在制订课程计划时，我们再三强调要充分考虑以下五个方面的因素：(1)站在儿童发展的视角考虑；(2)遵照国家相关教育文件，如《3—6岁儿童学习与发展指南》等；(3)根据幼儿园课程的指导思想；(4)结合本学年幼儿园的教学任务与目标；(5)分析教师自身的能力。教师可以按照这五个方面，根据班级具体情况来制订相关计划内容。我们欢迎和鼓励不同的幼儿园和班级制订自己的各具特色的课程实施计划。这里呈现两种制订计划的基本思路，为大家提供一些思考的灵感。

　　第一，活动目标法。根据综合因素制订幼儿发展目标，这样，教师就能清晰地知道一年中每个阶段幼儿的发展方向。在实施的每个阶段中，教师再根据当下幼儿的发展与出现的问题组织相应活动，经验丰富的教师可以尝试用这种方式制订计划。

　　第二，活动内容法。主要是根据课程目标以及其他的教育目标来制订一学年中可以开展的主题活动，经验不足的教师可以利用这种方式制订计划。

（一）小班课程实施年学期计划（样表一）

班级：小一班

六大进阶课程

月份	我和自己	我和家庭	我和幼儿园	我和家乡	我和祖国	我和世界
9月	1. 探究自己身体的外部特征。		1. 喜欢上幼儿园。 2. 较好地适应幼儿园的作息时间。			
10月	2. 探究身体各部位的运动。		3. 认识班级中的同伴。		1. 知道自己是中国人。 2. 认识国旗，学唱国歌。	
11月			4. 能简单地与老师沟通。			
12月		1. 了解家庭成员的外形特征。 2. 感受家庭之间爱的体现。				1. 感受国外节日的氛围，如圣诞节、元旦等。
1月					3. 感受和体验中国春节的习俗。	

（续表）

六大进阶课程

月份	我和自己	我和家庭	我和幼儿园	我和家乡	我和祖国	我和世界
3月	3. 建立基本的生活自理能力。					
4月		3. 尝试用自己的方式表达对家人的爱。				
5月	4. 认识自己的情绪。		5. 喜欢与同伴一起过儿童节。	1. 知道并喜欢家乡的美食。		
6月		4. 通过行为动作让家人高兴。				
7月	5. 能清楚地表达自己喜欢的人、事、物。		6. 喜欢班级的老师，愿意与老师交流。	2. 知道家乡的名称和熟悉的地方。		

（二）小班课程实施年学期计划（样表二）

班级：小一班

月份	六大进阶课程					
	我和自己	我和家庭	我和幼儿园	我和家乡	我和祖国	我和世界
9月	"我有一双小小手"		"我爱上幼儿园"			
10月	"好玩的身体游戏"		"认识新朋友"		"快乐的国庆节""红旗飘飘"	
11月			"幼儿园的玩具真好玩"			
12月		"我爱的家"				"快乐的圣诞节""新年愿望"
1月					"红红火火的春节""新年舞起来"	
3月	"我会穿衣""我会做……"					
4月		"我的爸爸""我的妈妈"				

（续表）

十、课程实施计划

六大进阶课程

月份	我和自己	我和家庭	我和幼儿园	我和家乡	我和祖国	我和世界
5月		"我是乖宝宝"	"快乐的'六一'"	"家乡的美食"		
6月			"我的老师"			
7月	"我是爱笑的宝宝" "我喜欢的……"			"我的家在哪里"		

（三）中班课程实施年学期计划（样表一）

班级：中一班

月份	六大进阶课程					
	我和自己	我和家庭	我和幼儿园	我和家乡	我和祖国	我和世界
9月	1. 能发现自己的身体在成长中的变化。		1. 熟悉班级环境和新规则。 2. 能参与布置班级环境。			
10月			3. 喜欢和同伴一起游戏，学会与同伴分享。 4. 愿意接受同伴的意见和建议，学会解决与同伴之间发生的问题。		1. 了解中秋节的由来与习俗。 2. 参与有关中秋节的各种活动。 3. 喜欢过中秋节。	
11月		1. 了解自己的家庭成员。 2. 利用各种形式表现自己与家人的关系。		1. 发现家乡秋季的美景。 2. 能用多种形式表达出来家乡的美。		

(续表)

六大进阶课程

月份	我和自己	我和家庭	我和幼儿园	我和家乡	我和祖国	我和世界
12月	2.能做一些力所能及的事情。					
1月					4.了解春节的来历与习俗。 5.参与春节的民俗活动。 6.喜欢过春节。	
3月	3.能够按时完成相应的任务。 4.了解自己的情绪变化。		5.有一定的集体意识。			
4月				3.发现家乡春季的美景。 4.萌发对家乡的热爱。	7.了解中国的餐饮文化。	
5月			6.积极参与幼儿园的活动。 7.形成主人翁意识。			

（续表）

六大进阶课程

月份	我和自己	我和家庭	我和幼儿园	我和家乡	我和祖国	我和世界
6月		3. 积极参与家庭活动。 4. 感受家庭的爱，并用自己的方法对家庭成员表达爱意。				
7月			8. 了解幼儿园不同岗位老师与自己的关系，学会感恩。			1. 了解世界几种国家的国旗。 2. 知道世界上有多种肤色的人种。 3. 感受地球是辽阔的。

（四）中班课程实施年学期计划（样表二）

班级：中一班

月份	六大进阶课程					
	我和自己	我和家庭	我和幼儿园	我和家乡	我和祖国	我和世界
9月	"我长大了"		"我是小小值日生"			
10月			"我的好朋友"		"团圆中秋节"	
11月		"我爱我家"		"家乡的秋天"		
12月	"我的新本领"					
1月					"十二生肖" "春节的习俗"	
3月	"能干的我" "快乐的自己"					
4月				"春游"	"我会用筷子"	
5月			"运动会真有趣" "大家一起做"			
6月		"我能帮您做……" "我是家庭小主人"				
7月			"幼儿园的守护者"			"世界国旗知多少" "我的旅行计划"

(五)大班课程实施年学期计划(样表一)

班级:大一班

月份	六大进阶课程					
	我和自己	我和家庭	我和幼儿园	我和家乡	我和祖国	我和世界
9月			1. 能够参与班级规则的制订。 2. 执行班级规则时有一定的自我约束力。	1. 了解自己家乡具有代表性的事物。		
10月					1. 简单了解中国历史和科技的发展。 2. 知道我国有五十六个民族。 3. 发现中国不同民族的不同特点。 4. 通过活动感受不同民族的习俗特点。 5. 萌发爱祖国的情感。	

(续表)

六大进阶课程

月份	我和自己	我和家庭	我和幼儿园	我和家乡	我和祖国	我和世界
11月						
12月		1. 在家庭中能够体现尊老爱幼的中国传统美德。 2. 学会感恩，能够主动为家人服务，懂得尊重劳动成果。		2. 了解并尝试制作家乡的美食。	6. 了解中国有代表性的文化遗产。 7. 热爱中国艺术。	
1月					8. 了解中国有代表性的物产。	
3月	1. 感受自己的成长。 2. 学会控制情绪，学会客观评价自己。					1. 了解简单的世界地理知识。 2. 知道环保对世界的重要性。 3. 通过对比，了解中国与世界其他国家的文化差异。 4. 学会尊重世界各国的文化差异。

(续表)

六大进阶课程

月份	我和自己	我和家庭	我和幼儿园	我和家乡	我和祖国	我和世界
4月	3. 能够规划自己的事情。 4. 了解基本的安全知识。				9. 了解社会秩序，并能遵守。	
5月		3. 做事有一定的时间观念。 4. 合理安排家庭中的生活作息，并学会坚持执行。		3. 能够参与社区活动。 4. 爱自己的社区，并愿意为社区服务。 5. 对未来家乡充满想象。		
6月			3. 参观、访问小学，知道小学的学习与生活环境，增加对小学生活的了解。 4. 对小学生活充满向往。		10. 了解中国文字的发展，喜欢中国文字。	
7月			5. 积极参与毕业活动。 6. 感恩幼儿园。			

（六）大班课程实施年学期计划（样表二）

班级：大一班

内容 月份	六大进阶课程					
	我和自己	我和家庭	我和幼儿园	我和家乡	我和祖国	我和世界
9月			"我的班级公约"	"美丽的家乡"		
10月					"中国的戏曲" "强大的祖国"	
11月				"家乡的味道" "美丽的社区"		
12月		"感恩的心" "我是家庭小帮手"			"祖国的大好河山"	
1月	"我的变化"					"世界之旅" "地球村"
3月	"我的作息表"					"不同的节日"
4月					"合法小公民"	
5月		"我的家庭生活"	"我眼中的小学" "我向往的小学生活"			
6月					"中国的汉字"	
7月			"再见了，幼儿园"	"家乡的畅想"		

十一、我们的愿景

未来儿童需要什么？儿童如何成长？我们能为儿童做些什么？C⁺课程便是我们的美好愿望与这个伟大时代努力结合的尝试。我们立足中国，放眼世界，传承历史文化，汲取中外精华，以儿童发展为中心，遵循儿童成长的规律，以儿童学习循环体为抓手，以六大进阶课程为依托，以六大发展领域为支撑，为儿童提供良好的资源和环境、适宜的引导和支持，让儿童真正成为学习的主人，真正享受童年的快乐，真正具备终身可持续发展的潜力。

顾明远先生常说，没有爱就没有教育，没有兴趣就没有学习，教书育人在细微处，学生成长在活动中。C⁺课程从来都不是，以后也不会是一个唯一的标准或程序。我们希望，C⁺课程能够为每一位热爱儿童、热爱教育的学前教育工作者提供一个可能的思考工具。我们相信，教育之所以有活力，有魅力，是因为每一个生活在教育世界中的人（包括儿童、教师、家长等）都是一个小宇宙。他们用自己的激情、智慧不断创造着教育生活的每一个精彩瞬间，用丰富多彩的方式诠释并再创造C⁺课程。因此，C⁺课程的落地需要一个强大的文化系统。在这里，每一个C⁺课程的实践者充满爱心、信任包容、工作热情、实践反思、团结一致、终身学习。在这个文化系统中，每一个人既得以滋养，又给予他人力量和温暖。

为此，我们建立了这个C⁺课程的小太阳模型，其中心的CC代表中国儿童，这是C⁺课程的最初出发点和最终落脚点，也是C⁺课程的价值所在和存在理由。C⁺课程希望未来每一个中国儿童在行走世界时不仅有健康的体魄和聪明的头脑,更有一颗温暖的心。C⁺课程尤为重视培养中国儿童的21世纪核心素养,希望每个儿童都充满好奇心,具备沟通能力,合作能力和创造能力。为此,C⁺课程为儿童提供了学习循环体,让儿童通过感知、识读、思考、实践、反思和热爱,去认识和体验自我、家庭、幼儿园、家乡、祖国和世界,获得安全与健康、多元化语言、异己共生、丰富的艺术体验、探索世界和未来学习品质全方位的发展,进而学会处理好与自我、与他人、与社会、与自然的关系。C⁺课程的小太阳模型寓意着每一个儿童都是一个小太阳,我们期待每一个小太阳、小宇宙在这样的C⁺课程体系中得以滋养,能量爆发,进而为他人甚至是未来世界带来更多的能量(见图11-1)。

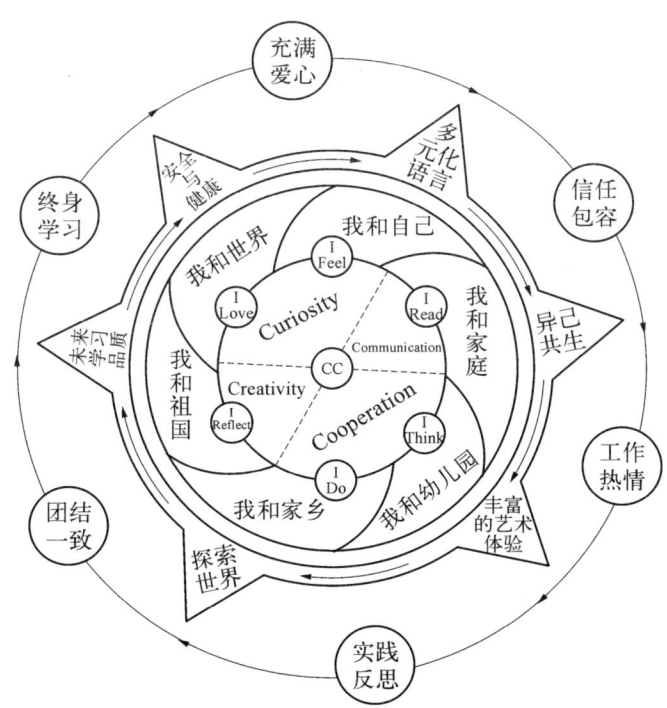

图11-1　C⁺课程小太阳模型图

总之，C⁺课程是一个开放的课程，一个包容的课程，一个需要众多有志于推进中国幼儿国际教育发展的实践工作者不断丰富和创造的课程。我们愿意与大家一起同行，既仰望星空，又脚踏实地，在实践的过程中不断反思，在反思的过程中不断改进，与大家一起静待花开。

附录

不同国家对儿童发展领域内涵的阐述

一、美国《开端计划早期学习结果框架》

学习品质着重于幼儿如何学习，它涉及幼儿参与学习时使用的技能及行为。学习品质领域将情绪、行为和认知自我调节归为一类，以指导支持这些技能发展的教学实践。该领域还包括主动性、好奇心和创造力。支持儿童在这一领域的技能有助于儿童获取知识，学习新技能以及设定和实现目标，有助于他们学会成功地应对有挑战性、有挫折感或耗时的学习经历。儿童参与学习的方式会影响他们在各个领域的发展，甚至对他们未来的学业成就有直接影响。

早期积极的社会与情绪发展是终生发展和学习的重要基础。社会发展是指儿童与成人及其他儿童建立、维持有意义的关系的能力。婴幼儿通过与生命中重要成人的早期互动发展人际关系建立技能和行为。与成人建立信任关系的儿童能够更充分地探索和参与他们周围的世界，因为他们知道成人会在他们遇到困难的时候提供支持。

交流对于人类获得经验而言很重要，语言和读写能力对儿童的学习能力而言也是至关重要的。语言的发展是指，在听力和理解（接受性语言）以及语言运用（表达性语言）方面不断提升能力。教育活动必须以促进所有儿童的语言和识字能力为目标。作为双语学习儿童，其母语的发展和英语的习得都需要专门的支持。

认知包括推理、记忆、解决问题以及理解周围环境等思维技能。儿童通过探索周围的世界，以积极促进自己的认知发展。

知觉、运动和身体发育对婴幼儿各方面的学习都至关重要，因为这将有助于他们在自身所处的环境中全面开发官能。这主要表现在四个方面：知觉、粗大动作与精细动作、健康与安全、营养。

二、德国《下萨克森州儿童日托机构教学指导大纲》

运动是学习的一种基本方式，它与感知相结合，在发展中起着关键作用。因此，在促进儿童能力提升时，对运动的作用要给予特别的重视。健康与身体协调性和运动息息相关。儿童需要各种运动体验，以促进其身体和精神的发展。各种适当的运动可以让儿童保持身体健康。

口语是最重要的人际交往媒介。虽然《一百种儿童语言》的演讲表明，总会有其他方式来讲述自己的心声：体态和面部表情，声音，图画和符号……没有这些东西，人类的生活将非常单调乏味，然而，所有这些都不如语言适合进行沟通，认识物质、精神和情感世界。

儿童的社会情感发展在两个相互作用的层面上进行：一个是个性层面，发展的是个人能力；另一个是社会学习层面，发展的是交际能力。儿童在与同龄人和监护人接触的过程中，发展了自己作为独立个体生活、感知和表达自己情感的能力。同样，在相互交往中，他们理解了社会关系，学会了与他人建立关系的能力。情感发展在此期间起到了决定性作用。而与之相关的各个领域，如感知、语言、思维和运动等，都得到了相应发展。

美育有多种方式，如音乐、舞蹈、艺术设计等。这些方式可以为儿童提供机会，通过具体的行为构建这个世界的景象以及表达与之相关的情感。目的是，增强孩子们的美学感知能力，并以多种方式处理各种感受。

接触和探究日托机构周围的各种自然现象，能拓展和丰富儿童的经历。他们参与到一个不是为了教学目的而提前准备好的真实世界，为他们获得知识，提升研究精神和生活实践能力提供了机会。

三、法国《母育学校教学大纲》

语言是人在说话、倾听、思考、理解、进行读写时借助表意的工具，它在儿童发展中占据根本性地位。儿童通过调动两种语言能力开展活动。一是口语，儿童在与他人互动时使用语言沟通、理解、学习和思考。二是书面语，教师应适当地介绍书面语并使儿童习惯于借助这种形式进行沟通。儿童在了解书写沟通的特点和作用后可以有意识地借助书写方式同不在场的对象进行沟通。

进行体育活动有助于儿童运动神经、感官、情绪、智力和同伴关系的发展。这些活动可以刺激和丰富儿童的想象力并且能激发其新的情感体验；可以促使儿童探索体格潜力，拓展和完善运动技能；还可以帮助儿童形成偏侧性和方向感，进而更好地定位空间与时间。

艺术领域的教学包括视觉艺术（绘画、雕塑、摄影、电影、图形艺术、数码艺术等）、听觉艺术（歌曲、器乐、声乐等）和表演艺术（舞蹈、戏剧等）。母育学校的艺术活动是构成中小学艺术与文化教育的第一步，对引导儿童走入艺术世界起决定性作用，其目的是让儿童获取基于共同标准的文化素养，学会欣赏和热爱所处的世界。

儿童从出生后，通过探索性活动可以直观地感知时间与周边空间。这些观念使儿童能准确定位其所处的生活环境，形成对未来的期待和对过去的回忆。在儿童能够辨识和定位其生活环境的基础上，母育学校进一步助其发现、组织和理解世界。如启发儿童提出更合理的疑问,引导他们将所观察的现象之间建立关系,尝试预测结果,识别不同类型事物或生物的各自特征,甚至借用各种物体和材料动手制作工艺模型。

四、芬兰《学前教育国家核心课程》

幼儿早期教育和保育的任务是促进幼儿语言技能与语言认同能力的开发。幼儿早期教育和保育工作可以增强幼儿对语言、文本、文化的好奇心和兴趣。幼儿语言能力的发展与多元识读能力的发展是相互联系的。语言既是幼儿学习的对象,也是幼儿学习的工具。它为幼儿提供了应对不同情况和事物、与人互动、表达自己和获取知识的途径。在幼儿早期教育和保育工作中,提供多样化的语言环境并与监护人开展合作,有助于促进幼儿语言能力的发展。

幼儿早期教育和保育工作的一项任务是以目标为导向支持幼儿在音乐、视觉以及语言和身体表达能力方面的发展,并使幼儿熟悉不同的艺术形式和文化遗产。艺术体验和表达能提升幼儿的学习潜能,社会技能,自我形象,以及对周围世界的理解和构建能力。

幼儿早期教育和保育的使命是培养幼儿理解当地社区的多样性以及作为群体成员的行动能力,具体从伦理思维、世界观、当地社区的过去、现在和未来以及媒体的角度进行探讨。我们的研究领域特别支持与幼儿的文化能力、互动、表达以及思考和学习有关的综合能力。

幼儿早期教育和保育的任务是培养幼儿观察、分析和理解周围环境的能力。引导幼儿在自然和建成环境中进行探索和行动。

关于成长、运动和发展的学习领域包括与身体活动、食物教育、健康和安全有关的内容。幼儿早期教育和保育的任务是为幼儿过上重视健康和福祉的生活打下基础,并与监护人一起促进幼儿进行体育活动。这个学习领域特别关注的是与照顾自己和管理日常生活相关的综合能力。

五、日本《幼儿园教育要领》

每个幼儿发展的方方面面包括:健康(身心健康)、人际关系(儿童与他人的关系)、环境(儿童的环境,与环境的关系)、语言(语言习得过程)和表达(感受和表达)。

健康:培养健康的身心,培养儿童独立地进行健康、安全生活的能力。

人际关系:培养独立性和与他人交流的能力,以便实现人际交往和相互支持。

环境:培养幼儿对环境的好奇心和探究能力,并将这种好奇心和探究能力融入幼儿的日常生活中。

语言和表达:培养幼儿用自己的语言口头表达经验和思想以及倾听他人口头陈述的意愿和态度,提升对语言和表达技巧的理解。让幼儿用自己的语言表达其经历和思想,从而培养其丰富的情感和自我表达能力,并提高其创造力。

六、中国《3—6岁儿童学习与发展指南》

健康:健康是指人在身体、心理和社会适应方面的良好状态。幼儿阶段是儿童身体发育和机能发展极为迅速的时期,也是形成安全感和乐观态度的重要阶段。发育良好的身体、愉快的情绪、强健的体质、协调的动作、良好的生活习惯和基本生活能力是幼儿身心健康的重要标志,也是其他领域学习与发展的基础。

语言：语言是交流和思维的工具。幼儿期是语言发展，特别是口语发展的重要时期。幼儿语言的发展贯穿于各个领域，也对其他领域的学习与发展有着重要的影响：幼儿在运用语言进行交流的同时，也在发展着人际交往能力，理解他人和判断交往情境的能力，组织自己思想的能力。通过语言获取信息，幼儿的学习逐步超越个体的直接感知。

社会：幼儿社会领域的学习与发展过程是其社会性不断完善并奠定健全人格基础的过程。人际交往和社会适应是幼儿社会学习的主要内容，也是其社会性发展的基本途径。幼儿在与成人和同伴交往的过程中，不仅学习如何与人友好相处，也在学习如何看待自己、对待他人，不断发展适应社会生活的能力。良好的社会性发展对幼儿身心健康和其他各方面的发展都具有重要影响。

科学：幼儿的科学学习是在探究具体事物和解决实际问题中，尝试发现事物间的异同和联系的过程。幼儿在对自然事物的探究和运用数学解决实际生活问题的过程中，不仅获得丰富的感性经验，充分发展形象思维，而且初步尝试归类、排序、判断、推理，逐步发展逻辑思维能力，为其他领域的深入学习奠定基础。

艺术：艺术是人类感受美、表现美和创造美的重要形式，也是表达自己对周围世界的认识和情绪态度的独特方式。每个幼儿心里都有一颗美的种子。幼儿对事物的感受和理解不同于成人，他们表达自己认识和情感的方式也有别于成人。幼儿独特的笔触、动作和语言往往蕴含着丰富的想象和情感，成人应对幼儿的艺术表现给予充分的理解和尊重，不能用自己的审美标准去评判幼儿，更不能为追求结果的"完美"而对幼儿进行千篇一律的训练，以免扼杀其想象与创造的萌芽。

参考文献

中文部分

[1] 北京市教育科学研究所.陈鹤琴全集(第一卷)[M].南京：江苏人民出版社，1987.

[2] 陈鹤琴.幼稚教育[M].南京：南京师范大学出版社，2012.

[3] 代亚梅，邱学青.对安吉游戏的理性思考[J].幼儿教育研究，2016(01).

[4] 顾明远.重新认识教育的本质[N].中国教师报，2016-05-04(14).

[5] 顾明远.教育大词典[M].上海：上海教育出版社，1993.

[6] 顾明远.未来教育的变与不变[N].中国教育报，2016-08-11(03).

[7] 顾明远.再论教育本质和教育价值观——纪念改革开放40周年[J].教育研究，2018，2018，39(5)：4-8.

[8] 霍力岩.试论蒙台梭利的儿童观[J].比较教育研究，2000(06)：51-56.

[9] 姜英敏.从"和而不同"到"'异己'间共生"——全球化时代国际理解教育模式的新探索[J].比较教育研究，2015，37(12)：30-34.

[10] 焦依平，朱成科.福禄贝尔与蒙台梭利两种儿童教育观之比较[J].教育科学研究，2017(11)：70-73.

[11] 李爱萍.美国国际教育：历史、理论与政策[M].昆明：云南大学出版社，2005.

[12] 联合国教科文组织.反思教育：向"全球共同利益"的理念转变？[R].法国：联合国教科文组织，2015.

[13] 徐辉.比较教育的新进展：国际教育初探[M].成都：四川教育出版社，2001.

[14] 张雪门.幼稚园教材研究 幼稚教育新论[M].北京：商务印书馆，2014.

英文部分

[1] BEREDAY, GEORGE Z F. Reflections on Comparative Methodology in Education, 1964-1966 [J]. Comparative Education, 1967(3): 169-187.

[2] BUTTS R F. International Education : Overview [M] // Deighton. The Encyclopedia of Education. New York: The Macmillan Company & The Free Press, 1971: 165.

[3] CAMBRIDGE J, THOMPSON J. Internationalism and globalization as contexts for international education [J]. Compare, 2004(2): 161-175.

[4] Hill L. Multicultural and International Education: Never the Twain Shall Meet? [J]. Review of Education, 2007(3): 245-264.

[5] HUSEN T, POSTLETHWAITE T N. The International encyclopedia of education [M]. Oxford: Pergamon, 1994.

[6] JAMES K. International Education: The Concept, and its Relationship to Intercultural Education [J]. Journal of Research in International Education, 2005 (4): 313-332.

[7] MCKENZIE M. Going, Going, Gone Global! [M] //HAYDEN M C, THOMPSON J J. International Education: Principles and Practice. London: Kogan Page, 1998: 242-252.

[8] UNESCO. Teaching and Learning: Achieving quality for all [R]. Paris: UNESCO, 2014: 295.

[9] 转引自 FRASER, STEWART E. International and Comparative Education [J]. Review of Educational Research, 1967，37(1): 57.

后　记

距项目结束已经一年有余，打开电脑敲出"后记"二字时，依然心潮澎湃，项目实施过程中一个个激动人心的时刻又一一浮现在我的脑海……

2018年，北京师范大学与博实乐教育集团签订了战略合作协议，共同致力于推动中国国际教育学科的发展和国际教育师资培养，其中一项宏大的愿景就是开发并建立中国自己的国际课程体系。这是一个激动人心的想法，纵观全球国际课程市场，英国、美国、加拿大、澳大利亚、瑞士等发达国家都有自己各具特色的国际课程体系，而中国作为发展中大国，随着与世界深度融合的步伐不断加快，开发并建立一套有中国文化特质的国际课程体系实在是大势所趋。但真正要做又谈何容易，要知道发达国家在这方面已经有半个多世纪的积累。我清晰地记得第一次见博实乐教育集团代表时，我们不约而同地选择了学前阶段作为突破口。一是因为目前的国际课程市场中学前课程较为薄弱，除了英国的EYFS课程以及IB课程体系下的PYP课程可以往学前延伸外，很少有其他的国际课程可供选择。而与此形成鲜明对比的是，我国的国际幼儿园发展迅猛，它们亟须扎根中国文化、适合中国国情又具有国际水平的课程体系，以此满足家长对优质国际教育的强烈需求。令人高兴的是，我们双方对于什么是真正的国际教育有高度的共识。但同时，我也面临着一个巨大的挑战：此前，我一直从事的是国际教育方向的研究，并未涉足学前教育领域，而博实乐教育集团希望我能在三个月内完成课程框架的设计。好在有众多师友的支持，我才有勇气接受这一挑战。

感谢项目团队中的每一个成员，他们中既有国别教育研究者、课程和学前教育的理论研究工作者，又有杰出的幼儿园园长和经验丰富的一线教师。因为他们的信任，我们在一起度过了艰辛又愉快的三个月。每一次的实地调查，每一次的项目研讨，每一次的文稿修改，他们都毫无保留、充满热情，这本书中有太多他们贡献的智慧。记得当我们讨论是否将"未来学习品质"独立成一项发展领域时，霍力岩教授的肯定让我们吃了颗"定心丸"；当我们争辩什么是"以儿童为中心"时，马健生教授的真知灼见让我们意识到儿童中心理念背后儿童发展的重要性；当我们思索如何构建学习循环体时，刘雅博士的灵光一现为我们画出了一个完美的圆圈；当我们担心这些概念是否真正能落地时，胡老师、王老师、韩老师总是拍着胸脯说："放心，这个交给我们。"当我们纠结如何为这一课程最终命名时，孙进教授的一锤定音让"C$^+$"这个课程名称就此定格在了护国寺的咖啡馆……有太多太多这样的高光时刻，值得记录，值得致敬！

感谢有缘结识的每一个幼教人，虽然他们风格各不相同，有的温文尔雅，有的干脆利落，有的热情似火，有的温润如玉……但他们都善良单纯又活泼开朗。工作时，他们像拼命三郎，无所不能；闲暇时，他们个个能歌善舞，妙语连珠，实在是一个个可爱又有趣的灵魂。他们总是谦虚地说自己只会陪孩子们玩，可他们看孩子的眼光如此清澈，脸上绽放的笑容又如此动人。为此，我常常有冲动想去幼儿园工作一段时间，感受那份孩童般的简单和快乐。

感谢接受我们访谈的每一位小朋友和家长朋友，他们真诚的回答让我们对今天中国的学前教育有了更为真实和更为丰富的认识。坦诚地说，不少家长朋友对教育的见解不亚于科班出身的专业人员，这不仅为中国国际幼儿园的发展提供了动力，同时也为幼儿园创造了良性健康的支持系统和协作体系。

最后，感谢博实乐教育集团和教育学部的信任，让我有机会在专业上又一次地成长与蜕变；感谢上海教育出版社的敏一敏编辑，她高效、专业、认真的工作让这本书增色不少。当然，由于时间仓促，书中不少观点仍值得进一步商榷，更有待实践的进一步检验。正如书中所言，C^+课程并不是一个标准，而是一个初始的思维工具，它需要众多教育理论工作者和实践工作者共同努力并不断完善。我们也希望在众人的努力下，C^+课程能不断生长，为中国国际课程体系的建设贡献绵薄之力。

2020年7月29日